CÓMO TOMAR ACCIÓN

Cómo Dar el Primer Paso y Empezar a Cambiar tu Vida de una Vez por Todas

RAPHAEL MCGILL

© Copyright 2022 – Raphael McGill - Todos los derechos reservados.

Este documento está orientado a proporcionar información exacta y confiable con respecto al tema tratado. La publicación se vende con la idea de que el editor no tiene la obligación de prestar servicios oficialmente autorizados o de otro modo calificados. Si es necesario un consejo legal o profesional, se debe consultar con un individuo practicado en la profesión.

- Tomado de una Declaración de Principios que fue aceptada y aprobada por unanimidad por un Comité del Colegio de Abogados de Estados Unidos y un Comité de Editores y Asociaciones.

De ninguna manera es legal reproducir, duplicar o transmitir cualquier parte de este documento en forma electrónica o impresa.

La grabación de esta publicación está estrictamente prohibida y no se permite el almacenamiento de este documento a menos que cuente con el permiso por escrito del editor. Todos los derechos reservados.

La información provista en este documento es considerada veraz y coherente, en el sentido de que cualquier responsabilidad, en términos de falta de atención o de otro tipo, por el uso o abuso de cualquier política, proceso o dirección contenida en el mismo, es responsabilidad absoluta y exclusiva del lector receptor. Bajo ninguna circunstancia se responsabilizará legalmente al editor por cualquier reparación, daño o pérdida monetaria como consecuencia de la información contenida en este documento, ya sea directa o indirectamente.

Los autores respectivos poseen todos los derechos de autor que no pertenecen al editor.

La información contenida en este documento se ofrece únicamente con fines informativos, y es universal como tal. La presentación de la información se realiza sin contrato y sin ningún tipo de garantía endosada.

El uso de marcas comerciales en este documento carece de consentimiento, y la publicación de la marca comercial no tiene ni el permiso ni el respaldo del propietario de la misma.

Todas las marcas comerciales dentro de este libro se usan solo para fines de aclaración y pertenecen a sus propietarios, quienes no están relacionados con este documento.

Índice

Introducción — vii

1. El Arte De Ponerse Al Día — 1
2. ¿Por Qué Procrastinas? — 25
3. La Trampa Del Pensamiento Excesivo — 45
4. ¿Qué Tan Perezoso Eres? — 75
5. Conseguir El Control — 105
6. El Mito del Pulpo — 121
7. Un Nuevo Comienzo — 145

Conclusión — 157

Introducción

¿Cómo puedes hacer las cosas que realmente necesitas hacer si te has vuelto tan bueno encontrando otras cosas que hacer en su lugar? Contrariamente a la creencia popular, la procrastinación en realidad no se trata de pereza. Por supuesto, puede ser tanto un procrastinador como un vago, pero la mayoría de las veces la procrastinación es un problema de resistencia emocional.

Si te detienes a pensar en ello, te darás cuenta de que cuando postergas las cosas, de alguna manera te las arreglas para encontrar la energía y el tiempo para hacer cosas menos importantes. Así que incluso como estás diciendo, "simplemente no tengo tiempo para hacer esto ahora", lo que realmente quieres decir es que "prefiero hacer otra cosa con mi tiempo". En esencia, la procrastinación suele ser una forma de evitar hacer cosas que desafíen nuestros sentimientos, nuestras creencias, la forma en que pensamos de nosotros mismos e incluso nuestra visión del mundo.

Si has perfeccionado el arte del último minuto, o siempre te encuentras en el lado equivocado del reloj, entonces probablemente te des cuenta de que la procrastinación no es solo una rareza. Este hábito contraproducente puede afectar tu productividad y disminuir seriamente tu capacidad para aprovechar las oportunidades y lograr tus objetivos. De hecho, en lo que respecta al autosabotaje, la dilación es una de las formas más fáciles de hacerlo.

Como cualquier otro hábito, la procrastinación se desarrolla con el tiempo como un mecanismo de afrontamiento que nos ayuda a lidiar con las emociones negativas. La buena noticia es que, dado que es un hábito, tienes el poder de romperlo y pasar de ser una persona que se sienta en su trasero a ser una mala persona.

Este libro, está destinado a cualquiera que esté cansado de sentirse como un ciervo atrapado por los faros cada vez que necesite tomar una decisión. Si deseas superar la inacción causada por el miedo y ser más proactivo, este libro te permitirá hacer precisamente eso. Analizamos de manera brutal y honesta por qué la gente posterga las cosas y le brindamos información detallada sobre por qué le resulta fácil posponer tareas o decisiones importantes.

Introducción

Brindaremos una mirada profunda a la naturaleza emocional de la procrastinación y por qué este hábito puede tener un fuerte arraigo sobre tu vida y tus resultados. Si te has estado preguntando por qué simplemente parece que no tienes control sobre la dirección en la que va tu vida, encontrarás ideas útiles en esta sección del libro.

La mayor parte de esta guía está dedicada a herramientas y estrategias prácticas que puedes utilizar todos los días para vencer la procrastinación. Nuestro objetivo es empoderarlo para que sea más proactivo y ayudarlo a hacer las cosas sin esperar el momento "perfecto" o simplemente la oportunidad "correcta". Si estás cansado de ver cómo suceden las cosas, esta es la guía que has estado esperando para ayudarte a arreglar tu desastre, sin juego de palabras.

1

El Arte De Ponerse Al Día

¿CÓMO SABER qué momento provocó el accidente de coche? ¿Existe un punto de inflexión que marcó el momento en que su carrera comenzó a caer en picada? ¿O incluso cuando tu cónyuge decidió que había terminado contigo?

Lo complicado de los grandes momentos y los puntos de inflexión en tu vida es que solo puedes definirlos en retrospectiva. Claro, dado un poco de tiempo y con el beneficio de la retrospectiva, probablemente puedas ver tus errores pasados con una claridad insoportable. Pero, ¿qué pasa con los que estás haciendo ahora, son tan obvios?

. . .

Si tan solo pudiéramos vivir la vida al revés, sabríamos exactamente dónde están las trampas y cómo sortearlas.

Desafortunadamente, no es así como funciona. En ausencia de una bola de cristal para predecir el futuro, todo lo que puedes hacer es tomar mejores decisiones hoy. Cada día, desde el momento en que te despiertas, tu vida es una serie de decisiones. A qué hora te despertarás, qué es lo primero que harás, cómo pasarás el día, etc. Incluso cuando no eres consciente de ello, estás eligiendo constantemente.

La suma total de estas opciones es lo que determina dónde te encuentras ahora y dónde es probable que te encuentres en el futuro. Esto simplemente significa que, si bien es posible que no puedas ver el futuro, tus acciones de hoy probablemente te den una buena indicación de dónde puedes terminar. Mientras esto te da poder y control sobre tus resultados, la naturaleza de estos resultados dependerá del tipo de elecciones que estés tomando hoy.

Lo que pasa con tomar decisiones es que a veces, incluso cuando sabes cuál es la elección correcta, todavía tomas la decisión incorrecta. Por ejemplo, cuando tienes un examen o una presentación de trabajo importante mañana, pero salir con tus amigos es más divertido, o cuando necesitas ir al gimnasio pero decides quedarte a dormir. La verdad es que la elección correcta no siempre es la más agradable, por lo que la mayoría de las veces elige hacer lo que se siente bien en lugar de lo que deberías hacer.

La gratificación instantánea es solo una de las muchas razones por las que la gente sigue posponiendo las cosas. A decir verdad, posponemos las cosas por muchas razones. Sin embargo, no importa cuál sea la razón por la que pospongas las cosas, el resultado neto de posponer las cosas es que siempre estás tratando de ponerte al día.

No hiciste lo que deberías haber hecho la semana pasada, el mes pasado o incluso ayer, por lo que hoy se trata de intentar recuperar el tiempo perdido. En última instancia, esto se convierte en un ciclo continuo y, de repente, tu productividad se va al diablo, tus metas están más lejos que nunca y de repente te conviertes en el tipo al que siempre le falta un dólar y un día de retraso.

Procrastinar es posponer tareas o decisiones. Implica retrasar intencionalmente el trabajo en algo o tomar una decisión difícil. Básicamente, cuando pospones las cosas, simplemente pospones lo inevitable porque, tarde o temprano, tendrás que hacer lo que estás posponiendo o lidiar con las consecuencias de posponerlo.

Todos posponemos las cosas. Posponemos las cosas cuando son desafiantes, cuando son aburridas o cuando simplemente no tenemos ganas de hacerlas. De hecho, incluso puedes decirte a ti mismo que trabajas mejor bajo presión y que esperar hasta el último minuto no es tan malo.

Y no lo sería, si fuera solo una vez. El problema con la procrastinación es que rara vez es algo que se hace una sola vez.

Lo que comienza cuando pospones una cosa hoy, se convierte en posponer dos cosas mañana para hacer tiempo para lo que no hiciste hoy. Es por eso que, esencialmente, la procrastinación es el arte de ponerse al día. No importa lo trivial que parezca la decisión en el momento, la verdad es que cuando pospones las cosas estás perdiendo el tiempo, y de una forma u otra tendrás que recuperar ese tiempo perdido.

. . .

Tipos de procrastinación

La procrastinación esencialmente significa lo mismo sin importar lo que se esconda detrás de ella. Significa que pospones hacer cosas o retrasas intencionalmente la toma de medidas. Sin embargo, el por qué de la procrastinación varía porque la gente evita las cosas por diferentes razones.

Procrastinación conductual

Digamos que te sientas a trabajar en una tarea importante o en una presentación de trabajo.

Dos minutos después de comenzar, te encuentras absorto en videos divertidos de gatos en internet. O de repente sientes la necesidad de alimentar al perro. O decides enviarle un mensaje de texto a tu amigo y preguntarle cómo fue su cita.

La procrastinación conductual es cuando posponemos las cosas como un mecanismo de evitación.

. . .

Los seres humanos en general son seres emocionales y pasamos mucho tiempo y esfuerzo tratando de sentirnos bien. Incluso los mejores de nosotros sucumbimos a los estados de ánimo, la falta de motivación y el encanto de la gratificación instantánea. Muchas veces, cuando te encuentras procrastinando, tiene muy poco que ver con la pereza.

Sin embargo, tiene mucho que ver con las emociones. Esta resistencia emocional a las cosas que nos resultan difíciles, desagradables o simplemente aburridas es lo que conduce a la postergación del comportamiento.

En el momento en que comienzas a trabajar en algo desafiante y quizás no tan agradable, tu cerebro cambia inmediatamente a otras actividades más gratificantes que podrías hacer en su lugar. Es por eso que a los dos minutos de tu productiva jornada laboral, estás comprobando el precio de los sombreros en las tiendas en línea o las novedades de las plataformas de películas y series.

La procrastinación conductual es simplemente un tipo de mecanismo de evitación. Tienes una tarea desafiante entre manos y estás ansioso por ello, por lo que buscas formas de distraerte para sentirte mejor.

. . .

La mayoría de los procrastinadores no se dan cuenta de cuánto afecta este tipo de procrastinación a su productividad. Esto se debe a que, al igual que con cualquier otro comportamiento de evitación, es fácil poner excusas para su postergación. Desde, solo estoy esperando que llegue la inspiración, hasta trabajo mejor bajo presión o haré tiempo más tarde. Los procrastinadores han dominado el arte de poner excusas porque no quieren enfrentar la verdadera razón de su evitación.

La procrastinación conductual es el autosabotaje en su máxima expresión. Cuanto más pospongas las cosas, más estresante se vuelve tu vida. Te sientes culpable y avergonzado porque en el fondo sabes exactamente qué es lo que necesitas hacer, pero estás eligiendo no hacerlo. Este tipo de culpa hace que la tarea sea aún más difícil de completar porque, además de la ansiedad, ahora estás lleno de dudas y cuestionas tus habilidades.

La procrastinación del comportamiento puede llegar a estar tan arraigada que se convierte en un ciclo contraproducente hacia ninguna parte. La mayoría de la gente asume que los procrastinadores siempre están holgazaneando.

Esto no podría estar más alejado de la verdad. Los procrastinadores son muy buenos para mantenerse ocupados con otras tareas para evitar hacer lo que realmente necesitan estar haciendo. Aquí es cuando, por ejemplo, haces una limpieza en lugar de estar trabajando en esa tesis que te pidieron desde hace meses. O cuando pasas horas en la oficina respondiendo correos electrónicos en lugar de hacer las cosas realmente importantes.

Cuando se mantiene ocupado con otras cosas para evitar hacer algo difícil o desafiante, esto es una procrastinación conductual clásica. Los psicólogos atribuyen la procrastinación a la falta de voluntad para cuestionar nuestras creencias. y nuestras ideas de quiénes somos.

Digamos que tomaste un examen de matemáticas y lo reprobaste. La próxima vez que se acerque un examen de matemáticas, es posible que le dé un poco de pavor. Nadie quiere pensar en sí mismo como un fracasado. Sin embargo, en lugar de estudiar para aumentar tus posibilidades de aprobar, en realidad puedes evitar estudiar porque te hace cuestionarte qué tan inteligente eres y te hace sentir inadecuado. Cuando hemos creado una idea o identidad en nuestras mentes de quiénes somos, entonces, cualquier cosa que cuestione esta creencia se convierte en una amenaza y algo que evitamos consciente o inconscientemente.

. . .

Las personas que esperan hasta el último minuto para hacer sus proyectos pueden verse impulsadas por la necesidad de evitar pasar por su trabajo y encontrar errores en él. Después de todo, si lo haces en el último minuto, siempre puedes decir que hiciste lo mejor que pudiste dar en el tiempo que tuviste. Ahora bien, si esto sucediera una o tal vez dos veces, sería dañino en algún nivel pero no fatal. Sin embargo, la procrastinación conductual es solo eso, un comportamiento. No sucede una o dos veces, la dilación la mayoría de las veces se convierte en un hábito.

Cuando eres un procrastinador, a menudo cederás a la necesidad de una gratificación instantánea. Querer sentirse bien es un instinto humano natural, pero se convierte en un problema cuando desvía la atención de tus objetivos. Cuando no puedes anular tus impulsos emocionales y apegarte a lo que necesitas hacer, es probable que siga posponiendo las cosas. A pesar de que sabes que tus ideas de hoy tendrán un impacto en el futuro, es más probable que vaya con tu cerebro emocional. El cerebro emocional es lo que te dice, duerme una hora más o por qué ir al gimnasio cuando puedes quedarte en casa y relajarte, o trabajar en esa presentación mañana.

. . .

Cuando no te sientes conectado con tu yo futuro, es fácil tomar decisiones basadas únicamente en lo que es bueno para ti hoy.

Cuando no has invertido lo suficiente en tus objetivos a largo plazo para superar la resistencia emocional, siempre encontrarás que tienes dificultades para mantenerte concentrado. En última instancia, la procrastinación del comportamiento se trata de querer sentirse bien y posponer las cosas que lo desafían o lo hacen sentir incómodo de alguna manera. Recuerda que no es suficiente saber lo que debes hacer si no tienes la autodisciplina para llevarlo a cabo.

Procrastinación en las decisiones

Un bufete de abogados de la competencia le ofreció a Ignacio el trabajo de sus sueños. Es un socio menor en su trabajo actual y está bastante seguro de que eso es todo lo que llegará en el futuro previsible. El competidor le ofrece un puesto de socio senior y todas las ventajas que conlleva.

. . .

Sin embargo, ha estado "considerando" esta oferta durante aproximadamente un mes y no puede decidirse a abandonar el barco. En muchos sentidos, él sabe que es la oportunidad de su vida, entonces, ¿por qué es tan difícil tomar una decisión que potencialmente podría cambiar su vida?

De vez en cuando te enfrentas a decisiones que pueden cambiar tu vida. Podría ser un cambio de carrera, casarte con tu alma gemela, elegir tu especialización en la escuela o cualquier otra cosa que pueda influir en el resto de tu vida. Algunas personas están seguras de sí mismas y seguras de lo que quieren, por lo que ante tales decisiones no dudan. Estos son los chicos que abandonan la universidad para comenzar un negocio o se mudan a un estado diferente para comenzar de nuevo. Su confianza en sí mismos y la pasión por sus objetivos les da toda la fuerza que necesitan para superar sus recelos y perseguir lo que quieren.

Pero, ¿y si estás en el otro extremo del espectro? ¿Qué pasa si la incertidumbre te asusta tanto que prefieres quedarte donde estás antes que arriesgarte con algo nuevo? La procrastinación de decisiones es cuando no puedes tomar decisiones importantes porque tienes miedo a la incertidumbre. Prefieres existir dentro de tu zona de confort, por lo que rara vez buscas oportunidades que requieran que te esfuerces o cambies de alguna manera. La procrastinación en las decisiones se caracteriza por la inacción y el congelamiento en los grandes momentos.

"Los mercados son demasiado impredecibles", "el nuevo trabajo significará un viaje más largo", "si me voy, es posible que nunca vuelva a encontrar a alguien". Todas estas son excusas que te dan permiso para quedarte donde estás. Estas excusas son en realidad miedo disfrazado de lógica. La postergación de decisiones es tan dañina porque te ciega a las oportunidades. Te hace incapaz de dar un paso al frente y aparecer cuando los momentos lo requieren. Siempre tienes miedo de lo que pueda pasar o de fallar.

Ves la oportunidad, pero requiere que salgas de tu zona de confort para que termines sin hacer nada en absoluto.

Las personas que son propensas a la postergación de las decisiones tienen una cosa en común. A menudo se sienten estancados de una forma u otra, pero nunca hacen nada para cambiar su situación. Se quejarán de sus trabajos, sus cónyuges, sus finanzas y todo lo demás bajo el sol. Lo que no harán es arriesgarse con algo nuevo. La postergación de las decisiones conduce a la inacción o la parálisis, lo que significa que hacer cualquier progreso en su vida se vuelve casi imposible.

Los perfeccionistas, por ejemplo, sufren de procrastinación en las decisiones. Se obsesionarán con cada pequeño detalle y esperarán hasta que todo esté "bien" para hacer algo. Por supuesto, dado que las cosas rara vez se vuelven "simplemente correctas", los perfeccionistas son los clásicos procrastinadores. Ellos planean y planean, pero rara vez estos planes ven la luz del día porque siempre hay algo mal.

Si constantemente tienes miedo de la posibilidad de fallar, es probable que siempre pospongas las decisiones importantes.

Puede que te resulte difícil aprovechar las oportunidades incluso cuando te están mirando directamente a la cara.

Esto se debe a que a menudo dejas que tu miedo al fracaso domine tu necesidad de perseguir tus metas. La procrastinación en las decisiones es tan paralizante porque oculta el miedo a la incertidumbre y la falta de voluntad para salir de tu zona de confort.

Así como la procrastinación de decisiones conductuales es también autosabotaje en su máxima expresión. Cuando eres propenso a la inacción debido a la indecisión, no necesitas ningún otro enemigo. Esto se debe a que eres el mayor obstáculo para tu propio progreso. A menos que puedas encontrar una manera de vencer la procrastinación de las decisiones, siempre encontrarás que tus sueños están siempre tan cerca pero de alguna manera todavía fuera de tu alcance.

Las etapas de la procrastinación

A) Autoengaño
"Tengo mucho tiempo para hacer esto, si muevo algunas cosas mañana, tendré tiempo para trabajar en esto, la fecha límite aún está lejos."

Este es el tipo de cosas que te dices a ti mismo cuando quieres evitar hacer algo. Te das una falsa sensación de seguridad. Asumes que mañana estarás de mejor humor, o será más fácil o descubrirás mágicamente cómo hacerlo.

El mañana es siempre el salvavidas que utiliza cuando sabe muy bien que debe hacerse hoy. Esta es la primera etapa de la procrastinación. Poner excusas y permitirse no hacer lo que hay que hacer.

B) Pereza

La simple y vieja pereza o simplemente no querer molestarte es la segunda etapa de la postergación. A veces simplemente no deseas hacer el esfuerzo necesario para hacer algo, así que, por supuesto, lo más fácil es posponerlo para otro momento. "Estudiaré para el examen mañana". "Solicitaré el trabajo la semana que viene, iré al gimnasio el lunes, estudiaré para el examen la semana que viene, lo resolveré mañana." Hay un sinfín de excusas que usamos para evitar hacer algo cuando el esfuerzo se siente como si fuera demasiado problema.

La pereza no es solo física, sino que en realidad está relacionada con el funcionamiento del cerebro. Si un evento en particular no lleva suficiente recompensa para motivarte, siempre te encontrarás poco dispuesto a esforzarte. De la misma manera que una recompensa te motiva a levantarte, si la recompensa no es suficiente, no estarás inspirado para actuar. Piensa en lo exhausto que te sientes cuando trabajas en algún proyecto de trabajo, pero en el momento en que tu amigo te llama y te pide que salgas a tomar algo, te animas y el cansancio desaparece misteriosamente.

Cuando una actividad conlleva una recompensa emocional mayor, no es de extrañar que te resulte mucho más fácil hacer algo que no tiene una recompensa emocional inmediata. Es por eso que una tarea puede resultar tan agotadora incluso cuando apenas estás haciendo un esfuerzo físico mientras que otra se siente estimulante.

La mayoría de las personas priorizarán el placer sobre su trabajo porque el placer se siente bien. Cuando haces algo que disfrutas, como jugar un videojuego, la recompensa emocional es instantánea. Te estás divirtiendo, así que la recompensa es inmediata. Por el contrario, cuando estás estudiando para un examen, la recompensa es algo lejano en el futuro. Esto significa que la idea de aprobar el examen puede ser menos motivadora porque no es una recompensa inmediata.

C) Manipulación y negación

Los procrastinadores son maestros de la manipulación. Hacen pasar su incapacidad para hacer lo que se requiere culpando a otra persona de circunstancias inevitables. A menudo dirán cosas como, "tengo demasiado por hacer", "si no estuviera bajo tanta presión, lo habría hecho", o "el momento fue simplemente malo." y excusas similares. Como no quieres admitir ante ti mismo que estás retrasando intencionalmente hacer algo, empezarás a buscar chivos expiatorios.

En esta etapa de procrastinación, te has dado cuenta de que te has acorralado en una esquina. Sin embargo, en lugar de admitir tu culpa, te resulta más fácil hacerte la víctima al encontrar excusas para explicar por qué no hiciste lo que se suponía que debías hacer. Para la mayoría de las personas, la negación es una forma de evitar enfrentarse al hecho de que son responsables de cualquier desastre que hayan creado.

Es mucho más fácil mirarte en el espejo cuando puedes culpar a tu jefe, tu cónyuge, el clima y todo lo demás.

Piensas en excusas como, "no tiene sentido solicitar la promoción, de todos modos no le agrado a mi jefe." O "simplemente no tengo tiempo para hacer un buen trabajo en esto, así que preferiría no hacerlo." En ambos ejemplos, te has dado permiso para no intentarlo. Has explicado tu incapacidad para hacer lo que necesitas para no tener que sentir que te has decepcionado.

La razón por la que la negación es tan dañina es que nos da puntos ciegos. Cuando no puedes ver tus propios errores o las formas en las que te auto-saboteas, la probabilidad de vencer la procrastinación es bastante baja. La autoconciencia es una parte crucial para comprender tus hábitos y, sin esta conciencia, siempre sentirás que estás nadando contra la corriente.

¿Qué te está costando la procrastinación?

¿Conoces esa sensación de hundimiento que tienes cuando sabes que estás a punto de arruinar algo (otra vez)? ¿Esa decepción que sientes cuando ves que algo que estaba a tu alcance se desliza entre tus dedos porque no hiciste lo que se suponía que debías hacer? ¿El momento en el que sabes que dejaste caer el vaso y es demasiado tarde para poder levantarlo? Las consecuencias de la procrastinación son siempre más costosas para ti que para los demás.

. . .

Cuando procrastinas habitualmente, a menudo decepcionarás a otras personas. Pero, sobre todo, siempre te decepcionarás. A menudo te sentirás inadecuado o incluso incompetente. Cuestionarás tu capacidad, tu ética de trabajo y, sobre todo, tu autoestima se desplomará. Este costo interno de la procrastinación solo hace que te resulte aún más difícil vencer tus miedos y vacilaciones internas. Sin confianza, actuar siempre será difícil, por lo que la procrastinación casi siempre se convierte en un ciclo contraproducente.

Como procrastinador, tus relaciones personales sufren porque siempre eres poco confiable y la gente nunca puede realmente contar contigo. La gente se acostumbra a que siempre los decepciones de una forma u otra. Siempre llegas tarde, te pierdes eventos importantes porque, no es de extrañar, siempre tienes poco tiempo.

Descubres que la mayoría de las personas en tu vida piensan que eres perezoso o indiferente. Por supuesto, esto significa que estás constantemente en desacuerdo con las personas en tu vida.

La procrastinación es especialmente dañina cuando se trata de productividad. Cuando no puedes administrar bien tu tiempo y priorizar tareas importantes, es probable que tu desempeño sea promedio en el mejor de los casos, si no francamente mediocre. Tus colegas pueden pensar que tú eres el holgazán de la oficina y tu jefe probablemente no te tome demasiado en serio. La mayoría de los procrastinadores encontrarán que sus carreras se estancan y parecen estar atrapados en las mismas posiciones año tras año. Esto tiene más que ver con su incapacidad para dar un paso al frente cuando es necesario y muy poco con la falta de habilidades.

Como procrastinador, probablemente pierdas más oportunidades de las que aprovechas. Siempre estás hablando o pensando en perseguir tus objetivos, pero cuando se trata de la ejecución, te resistes. Probablemente sea el tipo de persona que ha tenido una brillante idea de negocio durante años, pero aún no ha hecho nada al respecto. Quieres dar un paso adelante en tu carrera, pero nunca buscas promociones cuando surge la oportunidad o solicitas un nuevo trabajo. En esencia, la procrastinación es uno de los tipos de autosabotaje más dañinos. Desafortunadamente, nunca te das cuenta de esto hasta que es demasiado tarde.

A menudo puedes pensar, ¿cuál es el daño de hacer esto la semana que viene o mañana? En el momento, retrasar algo puede parecer trivial o intrascendente, pero el impacto que tiene la procrastinación en su productividad tiende a cobrar impulso a medida que pasa el tiempo. Cuantas más cosas de última hora tengas que hacer porque las posterga, mayores serán tus niveles de estrés. La procrastinación no es solo un autosabotaje, sino que también aumenta significativamente la cantidad de estrés con el que tienes que lidiar todos los días.

Ponerte al día significa que nunca te sientes cómodo. Siempre tienes algo por lo que necesitas compensar o poner excusas. Tus amigos no confían en ti porque eres la persona que siempre llega tarde, se retracta de los planes en el último momento y rara vez hace lo que dicen que harán. La procrastinación afecta cómo otros te ven y también afecta cómo te ves a ti mismo.

Cuando nunca puedes estar realmente seguro de poder hacer las cosas, tu confianza se ve socavada. Abordas los desafíos con dudas y miedo porque sabes que existe una alta probabilidad de que logres la tarea tarde o no la termines.

En última instancia, la procrastinación es la brecha entre la intención y la acción.

Cuando pospones las cosas, eres consciente de lo que deberías estar haciendo, probablemente seas consciente de las consecuencias de posponerlo y, sin embargo, todavía no puedes decidirte a hacerlo.

Si estás caminando por la calle y hay un enorme agujero en el suelo, naturalmente caminarás alrededor de él. Nadie entrará a sabiendas en una trampa que pueda ver porque tu instinto natural de autoconservación se activa. Sin embargo, las trampas mentales no son tan fáciles de eludir. Cuando postergas las cosas, sabes lo que debes hacer, pero no puedes decidirte a hacerlo. Esto significa que estás constantemente caminando hacia obstáculos no porque no puedas verlos, sino porque no sabes cómo detenerte.

En última instancia, la procrastinación tiene costos internos y externos. Impactará tu éxito en una variedad de frentes que incluyen finanzas, carrera, relaciones de productividad y crecimiento personal. En términos del costo interno que la procrastinación tiene en tu vida, experimentarás un estrés constante, una baja autoestima, vergüenza, culpa y lo peor de todo arrepentimiento.

¿Eres un procrastinador?

. . .

Una de las etapas de la procrastinación es la negación y, naturalmente, como muchos de nuestros puntos ciegos, rara vez nos miramos al espejo en busca de una solución. Por lo tanto, si no estás muy seguro de si tienes el hábito de procrastinar, aquí hay algunas características de la procrastinación que debes tener en cuenta:

- Siempre llegas tarde. Entregas tarde tu trabajo; llegas tarde a las reuniones y rara vez llegas a tiempo.
- Estás constantemente agotado. Siempre estás tratando de ganarle al reloj porque bueno, llegas tarde.
- A menudo sientes pánico y estrés por una tarea incompleta que se vence o, a veces, que está atrasada. Sientes que estás constantemente bajo presión y que nunca estás preparado para lo que se avecina.
- Rara vez tienes un horario o un plan de acción deliberado para realizar las tareas. Te especializas en "improvisar" y sobre todo esperas a tener el estado de ánimo adecuado para empezar a hacer algo.
- Tienes muchas tareas a medio completar en tu escritorio que tienes la intención de terminar pero que nunca llegas a hacer.
- Siempre te quejas de lo ocupado que estás

pero tienes muy poco que mostrar al final del día.
- Te distraes con facilidad y te encuentras cambiando constantemente de una tarea a otra sin realmente concentrarte en nada en particular.
- Tu espacio de trabajo está constantemente abarrotado y a menudo extravías cosas u olvidas dónde dejaste un documento y archivo importante.
- Tienes muchas cosas en mente y, a menudo, te sientes abrumado.
- Al abordar tu lista de tareas pendientes, casi siempre comienzas con las cosas fáciles y postergas las difíciles o desafiantes.

La mayoría de la gente pospone las cosas hasta cierto punto. El verdadero daño es cuando la procrastinación se convierte en una forma de vida. Si respondiste afirmativamente a la mayoría de las preguntas anteriores, eres un procrastinador y este hábito puede costarte mucho más de lo que crees.

2

¿Por Qué Procrastinas?

En la mitología griega, Ulises, el héroe de la guerra de Troya, casi sucumbió al encanto de las tortuosas sirenas. Incluso advertido, Ulises todavía se encontraba luchando por ignorar la encantadora canción de las sirenas. Estas criaturas míticas habían sido la ruina de muchos hombres y su isla estaba llena de los huesos de los desventurados que habían sucumbido a sus instintos más básicos y habían escuchado la llamada de las sirenas.

En este cuento mítico, Ulises no es un hombre corriente; de hecho, acaba de ganar la guerra de Troya. Sin embargo, su viaje de regreso a casa no es seguro. La diosa Circe le advierte de las sirenas, demonios disfrazados que atraen a los hombres a la muerte con sus encantadores cantos. Sabio como es, Ulises llena los oídos de sus camaradas con cera de abeja para mantenerlos a salvo de los encantos de las sirenas.

Sin embargo, decide que quiere escuchar la encantadora canción de Siren y sobrevivir para no poner cera en sus oídos.

Mientras navegan por el océano, el canto de las sirenas es tan fuerte que solo sus camaradas salvan a Ulises de una muerte segura. En esta historia mítica, no es la guerra en sí misma lo que amenaza con caer sobre Odiseo, de hecho, él está de camino a casa como un héroe. El verdadero peligro para este héroe es la distracción de las sirenas que son la verdadera prueba de su voluntad.

Puede que no seas un héroe griego o un héroe de ningún tipo, pero al igual que Ulises, tu enemigo interno es mucho más peligroso que cualquier enemigo externo al que tengas que enfrentarte. La historia corta es que la mitad de las batallas que pierdes, las pierdes por dentro mucho antes de perderlas por fuera.

Pero, ¿qué tiene que ver todo esto con la procrastinación, tal vez te estés preguntando? De hecho, ¿qué es exactamente la procrastinación? En pocas palabras, la procrastinación es retrasar intencionalmente hacer algo o posponer para mañana lo que tienes que hacer hoy. En esencia, la dilación implica ir en contra de su mejor juicio y evitar deliberadamente ciertas tareas o responsabilidades.

Es fácil confundir la procrastinación con la pereza. No es tan simple. Por supuesto, definitivamente hay un aspecto de pereza en la procrastinación. Después de todo, no estás posponiendo sacar la basura o trabajar en tu tarea porque está en peligro mortal. Simplemente no quieres moverte, porque, seamos sinceros, ver series en internet es mucho más placentero. Sin embargo, la procrastinación habitual implica mucho más que la pereza.

¿Has estado atrapado en el mismo trabajo miserable sin salida durante años porque simplemente no puedes decidirte a solicitar el trabajo que sabes que es excelente para ti?

¿Tienes dos años de tener una relación tóxica pero simplemente no puedes tener la voluntad de irte aún cuando sabes que acabará en un desastre? ¿Has planeado abrir el negocio de tus sueños durante los últimos cinco años? ¿Le tienes miedo a ese examen la semana que viene porque sabes que no has estudiado para él?

Sea lo que sea que elijas NO hacer en contra de tu mejor juicio, no hay duda de que la procrastinación es uno de los mayores obstáculos para lograr tus objetivos y cambiar tu vida. Entonces, ¿por qué postergamos las cosas? ¿Por qué es tan fácil pensar que lo harás mañana? Para entender realmente por qué postergas las cosas. Primero debemos desmitificar los diferentes tipos de procrastinadores.

El perfeccionista

El perfeccionista es quizás el más susceptible a la procrastinación que cualquier otro tipo de personalidad. Si eres un perfeccionista, pasas más tiempo obsesionado con cada pequeño detalle y, por supuesto, cuanto más atrapado estás en los detalles, menos tiempo pasas haciendo las cosas.

Para el perfeccionista, nunca es el momento "correcto" para comenzar. Siempre están esperando que todo encaje en su lugar para poder hacer su movimiento. El perfeccionista necesita que todos sus patos estén perfectamente alineados en una fila para que puedan disparar. Desafortunadamente, así es la vida, y las cosas rara vez o nunca son perfectas.

Entonces, lo que sucede es que el perfeccionista pierde oportunidad tras oportunidad porque las condiciones nunca son lo suficientemente adecuadas para que ellos se pongan en marcha o se pongan en marcha en lo que sea que necesiten hacer.

¿Te has perdido una fecha límite en el trabajo porque estabas obsesionado con los pequeños detalles de tu presentación?

¿Has perdido a la chica de tus sueños porque estabas esperando el momento "adecuado" para invitarla a salir?

Los perfeccionistas no solo pierden oportunidades, su productividad a menudo se ve afectada y siempre están en el lado equivocado del reloj.

. . .

Mientras estás ocupado planificando y esperando el momento adecuado, la vida se te pasa porque, lamentablemente, el tiempo no se detiene para nadie.

Si eres un perfeccionista, probablemente estés lleno de ideas brillantes que nunca ven la luz del día. Pasas horas y horas planificando y preparando, pero nunca en la ejecución de esos planes. El problema con la perfección es que es una falacia, cuanto más la persigues, más esquiva se vuelve. Si constantemente estás tratando de hacer todo bien, probablemente hagas menos que alguien que puede ser menos hábil o talentoso pero que se suscribe al lema "simplemente házlo".

Cada uno de nosotros tiene el deseo de hacer las cosas bien, sin embargo, para el perfeccionista, tu miedo a equivocarte supera con creces la necesidad de hacer las cosas. Este miedo al fracaso es la causa fundamental de la procrastinación. El miedo al fracaso hace que muchas personas no lo intenten porque prefieren no intentarlo antes que fallar. Dado que los hombres de las cavernas huían de los depredadores, el miedo siempre ha sido y sigue siendo uno de los mayores motivadores conocidos por el hombre. Desafortunadamente, el miedo puede motivarlo a actuar o no a actuar.

. . .

Como un ciervo en los faros delanteros, un perfeccionista siempre está demasiado asustado para seguir adelante. Su miedo al fracaso los paraliza en la inacción, por lo que en lugar de hacer lo que hay que hacer, encuentran ciento una razones para no hacerlo. "Hubiera pedido el aumento si el trato se hubiera cerrado", "no tengo todo el capital que necesito para comenzar", "la invitaré a salir mañana cuando haya luna llena", "escribiré el libro cuando me sienta inspirado".

Un perfeccionista encontrará excusas para no actuar y estas excusas van desde lo mundano hasta lo delirante. El resultado final son muchas oportunidades perdidas y sueños que nunca llegan a la vida real. Para un perfeccionista, se trata de las cosas pequeñas, se preocupan y lo hacen más grande que el panorama general. Todo el tiempo sin saber que es el miedo al fracaso lo que los está frenando.

Si estás demasiado ocupado obsesionado con los pequeños detalles, es probable que hayas estado posponiendo hacer lo que tienes que hacer porque estás esperando un momento perfecto "mágico" que nunca llegará.

Te pierdes oportunidades que pueden cambiar tu vida porque tienes demasiado miedo de cometer un error o fallar. Si este eres tú, lo único que perfeccionarás con el tiempo es el arte del autosabotaje porque, en última instancia, eres el mayor obstáculo en tu camino.

El soñador

Los sueños son geniales cuando estás dormido, pero no tanto si también ocupan tus horas de vigilia. Los soñadores son procrastinadores legendarios. Siempre están tan perdidos en una realidad alternativa que se olvidan de vivir el momento. Un soñador es similar a un perfeccionista porque siempre están llenos de planes e ideas, pero nunca llegan a ejecutarlos.

Este es el tipo que ha estado planeando abrir un negocio durante los últimos siete años o el que siempre está hablando de volver a la escuela pero nunca hace nada al respecto. Los soñadores son geniales cuando se trata de ideas y planes, pero no tan buenos con la ejecución. Tienen muchas cosas que quieren lograr, pero nunca tienen un plan sólido o una meta para la que están trabajando.

Los soñadores posponen las cosas porque tienen un enfoque de la vida sin objetivo.

. . .

Si siempre sabes lo que quieres pero no tienes una estructura real o un plan sobre cómo conseguirlo, lo más probable es que seas un soñador. No tienes ningún problema en proponer ideas brillantes, es el cómo lo que parece eludirlo.

El problema de ser un soñador es que tu brillantez rara vez te hace algún bien porque rara vez logras hacer algo con él.

La noción de que puedes flotar en la vida y que cosas se te ocurrirán de alguna manera es un gran obstáculo para la productividad. Si no tienes un propósito u objetivo real en mente, siempre tendrás problemas para tomar decisiones y ser proactivo. ¿Cómo puedes elegir qué camino tomar si no tienes un destino real en mente?

Para los soñadores, su procrastinación se debe a la falta de propósito o al establecimiento de metas efectivas. Si eres un soñador, probablemente seas propenso a hacer declaraciones vagas como, quiero perder peso, o necesito un trabajo mejor, o mi vida amorosa apesta. Si bien es posible que tengas las intenciones correctas, tu objetivo no tiene un poder real sobre ti porque no es específico ni tiene un límite de tiempo. Considera la diferencia entre decir, "quiero perder tres kilos para fines de este mes" y decir que "quiero perder peso".

En un escenario, te has fijado un objetivo claro y mensurable que tiene una línea de tiempo. En el otro escenario, no tienes un objetivo específico o un marco de tiempo en mente, sino más bien un pensamiento nostálgico. Naturalmente, es más probable que estés más motivado en el primer escenario porque sabes no solo lo que quieres, sino también cuándo lo quieres.

El soñador carece de motivación para hacer lo que debe hacerse porque trafica con deseos, no metas. La diferencia entre un deseo y una meta es que una meta es algo por lo que trabajas, mientras que un deseo es algo que quieres que se te conceda. Todos los días, el soñador tendrá una nueva idea para reemplazar la anterior y no tendrá ni idea de cómo hacer realidad esa idea.

Para el soñador, el verdadero desafío es salir de su letargo y trabajar realmente hacia algo tangible. Los soñadores procrastinan no porque no sepan lo que quieren, sino porque no están lo suficientemente motivados para levantarse e ir tras lo que quieren.

El pulpo

Si eres el tipo de persona que siempre está trabajando en diez proyectos diferentes a la vez, entonces no eres ajeno a posponer las cosas.

Un multitarea o un procrastinador pulpo es una persona que intenta hacer tantas cosas a la vez que terminan hasta nunca hacer nada. Si eres este tipo de procrastinador, es probable que tu escritorio esté lleno de proyectos a medio terminar y cosas de las que simplemente te olvidaste.

Contrariamente a la opinión popular, la multitarea no te hace más productivo. La investigación ha demostrado que la multitarea reduce la eficiencia de tu cerebro. Esto significa que cuando intentas hacer tantas tareas a la vez, las haces con menos eficiencia de lo que lo harías si hicieras una tarea a la vez.

Desafortunadamente, vivimos en un mundo de alta presión en el que, en un momento dado, intentas hacer malabares con muchas cosas diferentes. Esto es lo que ha engendrado una sociedad de personas que siempre están tensas, exhaustas y que operan con nada más que con soberbia. Si constantemente estás haciendo malabares con múltiples tareas, asumiendo más de lo que puedes manejar y tratando de administrar todo a la vez, es probable que estés mentalmente agotado. Este agotamiento mental perjudica la productividad y te impide hacer lo que realmente necesitas hacer.

Si descubres que siempre tienes un montón de proyectos a medio terminar, o que siempre estás ocupado pero no haces nada, es hora de volver a evaluar tu enfoque.

Es importante recordar que el ajetreo y la productividad no son lo mismo. ¿Tu trabajo está dando resultados o simplemente te estás agotando en una rutina de trabajo y responsabilidades interminables? Cuando estás constantemente realizando múltiples tareas, es fácil poner tus prioridades al revés y dejar de hacer las cosas que realmente importan.

Cuando tienes una mentalidad de pulpo, tienes problemas para delegar o decir no a las tareas. Esto significa que en lugar de concentrarte en una tarea y hacerla bien, siempre terminas con un montón de cosas que terminan perdiendo el tiempo y alejando tu atención de temas más importantes.

La mayoría de las personas con este tipo de mentalidad temen que si no mantienen todas sus bolas girando entonces habrán fallado de alguna manera.

Por ejemplo, encontrarás mujeres o incluso hombres que luchan por hacer malabarismos con el trabajo y la paternidad con éxito porque no quieren renunciar a ninguno de los dos. Quieren demostrar su valía en el trabajo y seguir estando ahí para sus hijos, por lo que terminan haciéndose harapientos por ambos lados. El resultado neto es que tienen un rendimiento inferior en ambos extremos y comienzan a desilusionarse con la vida.

Saber priorizar tus responsabilidades, reconocer cuándo tu agenda está hasta el tope y lo más importante saber cuándo, saber cuándo necesitas ayuda puede ser una de las cosas más empoderantes que puedes hacer por ti mismo. Las personas que logran hacer las cosas comprenden sus límites y no intentan conquistar el mundo entero ellos mismos. Recuerda que para ser productivo, en realidad tienes que terminar lo que comienzas, por lo que es más importante ceñirse a algunos proyectos que puedas hacer bien que ejecutar de manera irregular veinte cosas diferentes que probablemente nunca terminarás.

El buscador de placer

Si la gratificación instantánea fuera una droga, habría mucha gente enganchada a ella. Mucha procrastinación se reduce a que las personas eligen hacer lo que es más placentero y evitan tareas o decisiones desagradables. Todos, hasta cierto punto, caemos en esta categoría en la que posponemos las cosas que consideramos difíciles o difíciles para más tarde porque preferiríamos hacer algo más placentero.

Este tipo de evitación puede convertirse rápidamente en un hábito y afectar tu productividad.

Piensa en las elecciones simples que tomas todos los días.

Las elecciones aparentemente mundanas, como elegir ver tu programa favorito en lugar de ir al gimnasio o pasar tu tiempo charlando en las redes sociales en lugar de trabajar en un proyecto, son pequeñas formas en las que priorizamos el placer sobre el dolor o el trabajo duro. El problema con la gratificación instantánea es que se convierte en un hábito y, antes de que te des cuenta, tienes poca autodisciplina para mantenerte encaminado.

Cuando la búsqueda de la gratificación instantánea se convierta en un hábito arraigado, toda tarea difícil o desagradable quedará relegada a un segundo plano. Esto significa que tu vida comenzará a girar en torno al placer y perderás de vista lo que puedes ganar al priorizar lo importante sobre lo placentero. Las adicciones, por ejemplo, surgen de la incapacidad de resistir el placer momentáneo, sin importar cuán dañino sea a largo plazo.

La ciencia detrás de la necesidad de la gratificación instantánea se explica por el hecho de que el cerebro está programado para seguir el camino de menor resistencia. Tu cerebro siempre elegirá la salida más fácil porque no hay resistencia emocional a hacer cosas placenteras. Por ejemplo, entre estudiar para un examen o salir con tus amigos, la opción más fácil es salir porque es más placentero.

. . .

El problema de buscar la gratificación instantánea es que cuanto más lo haces, más habitual se vuelve.

Piensa en cuántas veces una espiral descendente en tu vida fue provocada por una decisión aparentemente inocua que tomaste. Un día te despertaste y decidiste saltarte el gimnasio ese día porque estabas cansado. Al día siguiente, decidiste que iría más tarde. Antes de que te dieras cuenta, habían pasado dos meses sin ir al gimnasio y tenías veinte libras de sobrepeso.

Cuando postergamos, las consecuencias pueden no ser evidentes en el presente, pero gradualmente el impacto en la productividad se vuelve inevitable. Digamos que estás en la universidad. Si te saltas una clase esta semana, no es gran cosa, si te saltas dos la próxima semana, de nuevo no es gran cosa. Sin embargo, si en un mes comienzas a saltarte semanas enteras a la vez, entonces las consecuencias realmente golpean al fin. Tus calificaciones comenzarán a irse por el desagüe y apenas podrás mantenerte al día en clase.

Ya sea que lo sepas o no, cada decisión que tomas desencadena una reacción en cadena que puede llevarte rápidamente de "no es gran cosa" a "¿qué diablos sucedió?". La gratificación instantánea es como poner una tirita en algo y esperar que desaparezca. Te complacerás en el presente, pero la realidad siempre está esperando para darte una bofetada en la cara del otro lado.

Tomemos de ejemplo a Jorge. Tiene una reunión importante con nuevos clientes en la oficina.

En lugar de prepararse para esta reunión crucial, se distrae charlando con sus amigos en las redes sociales.

Apenas hace algún trabajo y esto es evidente en la reunión en la que tropieza con una presentación de mala calidad. Si esto sucede una vez, Jorge puede salirse con la suya y su jefe probablemente pensará que está teniendo un mal día.

Pero, ¿y si sucede una y otra vez? En el mejor de los casos, se lo considerará un holgazán y su carrera se estancará, o en el peor de los casos, puede terminar perdiendo su trabajo.

Ahora bien, si Jorge retrocede en el tiempo hasta el punto en que eligió la actividad más divertida, en lugar de su trabajo, probablemente no se sintió como un gran problema. Sin embargo, un pequeño trato puede convertirse rápidamente en un espectáculo fatal si no tienes cuidado. Son las pequeñas decisiones que tomas a diario las que tienen el mayor impacto en tu vida. Es bastante fácil elegir el placer sobre el dolor, pero ¿estás preparado para las consecuencias?

El pez dorado

¿Te distraes fácilmente? ¿Sueles pasar de una cosa a otra?

Las personas que tienen poca capacidad de atención terminan posponiendo cosas importantes, no porque sean perezosas o porque tengan miedo al fracaso, sino simplemente porque tienen la capacidad de atención de un pez dorado.

Este es el tipo de procrastinador que comenzará a trabajar en una cosa, notará otra que es aparentemente más interesante y, como resultado, abandonará la primera tarea.

Como resultado, este tipo de procrastinador nunca termina realmente nada de lo que comienza porque se distrae con mucha facilidad. El atractivo de la curiosidad nueva y simple puede convertirte rápidamente en alguien que siempre está posponiendo las cosas que deben hacerse porque está demasiado distraído para hacerlas.

Para algunas personas, la distracción pueden ser sus compañeros de trabajo, sus amigos o incluso sus pasatiempos.

Cuando no puedes concentrarte el tiempo suficiente en una tarea para terminarla, inevitablemente, siempre te encontrarás apresurado para ganarle al reloj o fallando constantemente en hacer las cosas. La productividad de alguien que se distrae fácilmente es bastante baja ya que tiene poco autocontrol.

Esto significa que para las personas con poca capacidad de atención, la única forma de vencer la procrastinación es administrar conscientemente su entorno de trabajo de tal manera que esté libre de distracciones.

Si te encuentras revisando tu teléfono cada dos minutos, tal vez sea hora de apagarlo y concentrarte en tu trabajo o en lo que sea que necesites hacer. Si tus compañeros de trabajo te distraen de un proyecto importante, busca un lugar tranquilo para trabajar. La conclusión es que debes tener suficiente conciencia de ti mismo para comprender los tipos de distracciones que te impiden hacer las cosas y participar en la forma en que alcanzas tus metas.

Cuando se trata de la procrastinación, el mayor problema son las pequeñas decisiones que tomamos todos los días. No te dejes engañar pensando que la procrastinación solo se convierte en un problema cuando se trata de decisiones que cambian la vida. Comienza con lo mundano, luego se convierte lentamente en un hábito que te mantiene como rehén y, finalmente, descubres que ya no tienes el control de tus resultados, tus metas están más lejos que nunca y no tienes idea de cómo llegaste hasta aquí.

3

La Trampa Del Pensamiento Excesivo

Un adolescente desencantado y deprimido por la insuficiencia de su propia vida frente a lo que ve en Instagram. La empleada desilusionada está segura de que su jefe la persigue porque la ignoró en la reunión. El hipocondríaco que cree que se está muriendo de todo porque los síntomas que busca por internet le tocan de cerca. La esposa cree que su marido está teniendo una aventura porque no se dio cuenta del nuevo corte de pelo. No es de extrañar que todavía quede gente cuerda en el mundo.

Pensar es lo que distingue al hombre de los seres inferiores.

. . .

Somos capaces de pensar y son estos pensamientos los que han llevado a la civilización tal como la conocemos. Pero hay una diferencia entre pensar y pensar demasiado.

Tus pensamientos tienden a influir en la forma en que te ves a ti mismo, la forma en que percibes a los demás y la forma en que interactúas con otras personas.

Las personas positivas son de naturaleza positiva por la sencilla razón de que sus pensamientos son predominantemente positivos. Por otro lado, son negativas porque constantemente tienen pensamientos de pesimismo y fatalidad.

Cuando estás viendo un deporte en la televisión, por lo general hay un comentarista dando una descripción detallada del juego. Si el comentarista se emociona, inevitablemente tú anticipación aumenta. Si el comentarista es lento y no muy entusiasta lo más probable es que encuentres el juego aburrido. Tus pensamientos internos forman la voz interior. Esta voz interior es una especie de comentarista en tu cabeza que te da un relato paso a paso de tu vida. Cuanto más emocionada o entusiasmada esté esta voz interior, más seguro y apasionado te sentirás. Cuanto más negativo o sombrío sea este comentarista interno, es probable que tu seas más lento y falto de inspiración.

Los pensamientos dirigen inevitablemente tus acciones y tu comportamiento. Quién eres es producto del tipo de pensamientos que tienes. El vínculo entre pensar demasiado y procrastinar es inconfundible.

Cuanto más reflexiones sobre los acontecimientos, analices cada detalle y diseccione cada pequeña palabra que le dices a la gente, más probabilidades tendrás de convencerte a ti mismo de no hacer algo.

Pensar demasiado se diferencia del pensamiento normal en que implica leer demasiado las situaciones. Es cuando te vuelves loco por una situación o incidente porque has dejado que se vuelva mucho más grande de lo que realmente es. Cuando piensas demasiado, lo más probable es que te quedes atrapado en las preocupaciones por el futuro o en el arrepentimiento por el pasado. Esto significa que pensar demasiado rara vez tiene algo que ver con la resolución de problemas. La mayoría de las veces, cuando piensas demasiado, te dedicas a culpar, encontrar fallas, sentirte culpable y preocuparte.

. . .

La mayoría de las veces encontrarás que pensar demasiado está impulsado por emociones negativas como el miedo, la pérdida o la ira. Cuando, por ejemplo, estás preocupado por un examen o una gran presentación, probablemente sea porque te estás enfocando en todas las formas en que puedes estropearlo. ¿Qué pasa si mis diapositivas no se abren, qué pasa si el cliente las odia, qué pasa si me pierdo el punto por completo, qué pasa si se burlan de mí, qué pasa si no es lo suficientemente bueno?

Todos estos pensamientos no se basan en hechos. No tienes forma de saber cómo irá la presentación, pero has elegido concentrarte en todo lo que podría salir mal. Esto, en pocas palabras, es lo que hace pensar demasiado. Te quita la confianza, hace montañas de montículos de arena y aumenta tu susceptibilidad a la procrastinación.

Haciendo montañas con Molehills

¿Cómo saber cuándo has cruzado la línea del pensamiento al pensamiento excesivo? Estos son los signos más comunes que indican que eres propenso a pensar demasiado.

- Revives constantemente tus errores y momentos embarazosos.
- Tus pensamientos están llenos de muchas preguntas de "qué pasaría si".
- Analizas en exceso las acciones y las palabras de las personas buscando un significado más profundo.
- Te preocupas por el futuro constantemente te encuentras distraído.
- A menudo repites conversaciones en tu cabeza pensando en lo que debiste haber dicho o lo que no. Pasas mucho tiempo preocupándote por cosas que no puedes controlar.

Lo único que distingue el pensamiento excesivo del pensamiento normal es que rara vez es positivo.

Difícilmente pasarás horas pensando en el cliente que acabas de ganar, pero es probable que lo pienses durante días si pierdes un cliente. Pensar demasiado tiende a conducir a la catástrofe. Aquí es cuando todo adquiere proporciones épicas del fin del mundo y te obsesionas con pensamientos de fracaso.

No es de extrañar que pensar demasiado sea una de las razones más comunes por las que la gente pospone las cosas.

. . .

Comienzas con un pensamiento aparentemente mundano como "Metí la pata la última vez. Será mejor que tenga cuidado esta vez". Luego avanzas a, "¿por qué me dieron esta tarea?", entonces, "apuesto a que me están preparando para el fracaso". Entonces esto se convierte en, siempre supe que no le agradaba, por eso recibo todas las tareas difíciles.

A partir de aquí avanzas a "sé que perderé mi trabajo si fallo esta vez". En poco tiempo, te preocuparás por cómo pagarás tu hipoteca sin un trabajo y si tu esposa te dejará cuando te despidan.

Esta es la trayectoria del pensamiento excesivo. Un simple incidente se convierte en una catástrofe en cuestión de minutos. Todo esto, por supuesto, está sucediendo en tu cabeza y no tienes una base real en los hechos o en sus circunstancias.

Pensar demasiado conduce a la procrastinación porque te pone en un estado en el que constantemente estás anticipando lo peor. En este estado, empieza a tener sentido retrasar la realización de algo porque en tu mente al retrasar también estás posponiendo el fracaso inminente.

. . .

Si piensas en las oportunidades que perdiste o en las ocasiones en las que no diste un paso al frente, encontrarás que probablemente se debió a pensar demasiado. Te convenciste de no hacer algo porque en tu mente esta cosa adquirió proporciones más grandes que la vida. Un simple discurso se convirtió en un momento que definió tu carrera, una cita con la persona que te gustaba te recordó cómo su primera novia lo dejó, y así sucesivamente. Cuando piensas demasiado, tiendes a desarrollar un talento natural para convertir un grano de arena en montañas. Buscas constantemente el matiz y el significado oculto detrás de lo que dice la gente, y nada es realmente lo que es.

Pensar demasiado hace que la procrastinación sea la salida más fácil porque en tu mente estás evitando un desastre inminente. Las personas que piensan demasiado están en un estado constante de ansiedad, por lo que no es de extrañar que se vuelvan propensas a la inacción. Cuando te dedicas a pensar demasiado, estás alimentando constantemente tus miedos y dudas. Esto te quita la confianza y te convierte en un prisionero de tu propia negatividad.

Cuando adquieres el hábito de catastrofizar, a menudo te sentirás impotente y mal equipado para enfrentar lo que sea que esté sucediendo en tu vida. Esto se debe a que una de las armas más importantes que tienes en tu arsenal es la confianza en ti mismo.

Cuando magníficas todo hasta convertirlo en una tarea imposible, tu fe en tus habilidades se encoge. Esto hace que sea difícil actuar y se convierte en un procrastinador perpetuo que pospone las cosas porque tienes miedo de fallar o quedarte corto de alguna manera.

Diálogo interno negativo

El diálogo interno negativo es algo en lo que mucha gente no es realmente consciente de participar. Rara vez te detienes a cuestionar tus pensamientos o tus sentimientos.

De hecho, a veces es posible que ni siquiera te des cuenta de lo que estás pensando o incluso de por qué se sienten de cierta manera. ¿Alguna vez te has sorprendido sintiéndote mal del tiempo sin razón aparente? ¿O has tenido días en los que simplemente te sientes en la cima del mundo?

. . .

Tus estados de ánimo a veces pueden ser un misterio.

Desafortunadamente, esto significa que a veces tus pensamientos y emociones influirán en tu comportamiento sin que seas consciente de ello. El diálogo interno negativo ocurre cuando sigues teniendo pensamientos y creencias autolimitantes sobre ti mismo. Cuando estás propenso al diálogo interno negativo, lo más probable es que seas tu peor crítico. Siempre estás concentrado en tus debilidades y apenas reconoces tus fortalezas.

El diálogo interno negativo puede adoptar la forma de cualquiera de las siguientes trampas del pensamiento.

Generalizaciones

"Nunca conseguiré un nuevo trabajo, siempre llego tarde", "él nunca apreciará lo que hago", "nunca aprueban mis proyectos, esto siempre me pasa", ¿alguno de estos pensamientos te suena familiar? Si eres propenso a las generalizaciones, tiendes a hacer suposiciones radicales. basado en un solo evento o experiencia. Fallas en una prueba de matemáticas y, en tu mente, empiezas a creer que no eres bueno en matemáticas. O haces una mala presentación y empiezas a pensar que eres horrible en tu trabajo.

Las generalizaciones son autolimitantes porque ponen un límite a lo que crees que puedes hacer.

Cuando adjuntas una etiqueta a ti mismo basado en una sola experiencia que efectivamente te niega la oportunidad de mejorar o cambiar. "Soy un nerd" deja de ser solo un pensamiento y realmente se convierte en quien eres.

El problema con las generalizaciones es que resultan en autoevaluaciones de engaño. Empiezas a creer cosas sobre ti que no son ciertas.

Cuanto más generalizas, más pequeña se vuelve la caja en la que tienes que operar. Tu comienzas a existir dentro de las paredes invisibles que has creado para ti mismo que definen lo que puedes y no puedes hacer. Obviamente, las generalizaciones conducirán a la postergación. Cada vez que tengas que afrontar algo que vaya más allá de tus creencias sobre quién eres y de lo que eres capaz, te resultará difícil empezar porque ya tienes una noción preconcebida al respecto.

Por ejemplo, si crees que nunca haces lanzamientos efectivos, es probable que evites activamente cualquier situación en la que se te solicite lanzarle un discurso a un cliente. Como ya crees que fracasará, no verás el sentido de intentarlo. Por supuesto, si no lo intentas, tu creencia se mantiene fiel porque nunca te pruebas lo contrario. Este es el ciclo contraproducente de generalizaciones. Comienzas con una noción preconcebida, que refuerzas una y otra vez con tus acciones hasta que se convierte en tu realidad.

Minimización o ampliación

La minimización es cuando desarrollas una tendencia a magnificar tus defectos y pasar por alto tus puntos fuertes.

Aquí es cuando tienes pensamientos como, "¿por qué me considerarían para el trabajo? Hay mejores candidatos". Las personas que caen en esta trampa del pensamiento son muy conscientes de sus debilidades y, sin embargo, ignoran sus fortalezas.

La minimización se caracteriza por ser demasiado crítico contigo mismo. Con este tipo de mentalidad, regularmente te regañas a ti mismo por los errores del pasado y sigues rumiando cada pequeña cosa que has hecho mal. Te resulta fácil ver dónde se equivocó, pero rara vez ves los logros que has logrado.

La minimización es la negatividad en su máxima expresión.

Asegura que siempre estés enfocado en lo negativo y, por lo tanto, tengas muy poca confianza o autoestima para continuar. Lo primero que piensas cuando te enfrentas a una tarea es, "apuesto a que voy a estropear esto" o "soy tan estúpido que nunca lo resolveré".

Este tipo de pensamientos no solo son limitantes sino también dañinos emocionalmente.

. . .

Los pensamientos negativos conducen inevitablemente a emociones negativas y te vuelves propenso al estrés crónico y la ansiedad. Lo más desafiante de la minimización es que casi nunca te das cuenta de ella. Estos pensamientos se apoderan lentamente de ti y, antes de que te des cuenta, todo lo que puedes pensar es en lo que hiciste mal.

La minimización a menudo va con la ampliación. Aquí es donde habitualmente minimizas tus fortalezas y magníficas tus debilidades. Consideras que un fracaso significa que estás condenado y cada pequeño error se convierte en una razón para reprenderte constantemente.

La razón por la que esta trampa del pensamiento es tan debilitante es que te conviertes en tu peor enemigo. Nadie necesita desanimarte o deprimirte porque ya estás haciendo un trabajo estelar contigo mismo. Es muy difícil que veas algo bueno en ti mismo, por lo que no hay forma de que puedas comunicar tu valor o tu valía a los demás. Cualquier buen vendedor te lo dirá; es bastante difícil vender un producto en el que no crees. Si no crees en ti mismo, inevitablemente tendrás problemas para inspirar confianza en los demás.

. . .

Supuestos

No es de extrañar que las personas que piensan demasiado tienden a hacer muchas suposiciones. Leen demasiado en situaciones porque analizan en exceso cada pequeño detalle.

Si eres propenso a hacer suposiciones, entonces siempre estás enfocado en el significado oculto o leyendo entre líneas. El problema con las suposiciones es que a veces te llevan a conclusiones equivocadas.

Cuando tomas decisiones basadas en tus suposiciones, la mayoría de las veces te equivocas. A veces puedes tener una interacción con alguien que está teniendo un mal día. A pesar de que están siendo educados y receptivos, tu mente comienza a fijarse en su frialdad. Asumes que probablemente te odian o que estás haciendo o diciendo algo mal.

Sin embargo, en el sentido real, esta persona está lidiando con cosas que realmente no tienen nada que ver contigo.

. . .

Cuando haces suposiciones, no te detienes ahí. Utilizas estas suposiciones para sacar conclusiones y luego tomar decisiones basadas en ellas. Al final terminas tomando la decisión equivocada porque tu suposición estaba equivocada desde el principio.

Esta trampa del pensamiento dificulta la evaluación objetiva de situaciones y experiencias porque para ti siempre tiene que haber un significado oculto y nada es lo que parece ser.

Pensamiento en blanco y negro

El pensamiento en blanco y negro es una trampa de pensamiento común que hace que la gente piense en extremos. Con este tipo de pensamiento, sólo tienes dos posibles resultados en tu mente. El pensamiento en blanco y negro es una causa común de procrastinación porque te lleva a pensar que las cosas irán muy bien o muy mal.

Si tus pensamientos solo se desvían entre los dos extremos, o es el mejor o no es nada, o sobresale o fracasa o gana o pierde. Cuando piensas en extremos, incluso las tareas mundanas pueden volverse desalentadoras y desafiantes.

. . .

Esto se debe a que no puedes ver las cosas desde múltiples perspectivas. En lugar de pensar, "esta tarea es una oportunidad para que aprenda" la abordarás desde la mentalidad de que, "si no sobresalgo, me tildarán de fracasado" o "si no pierdo 10 libras, seré un perdedor y pronto". El pensamiento en blanco y negro te da un punto de vista estrecho desde el cual operar y disminuye tus opciones.

Los perfeccionistas a menudo caen en esta trampa del pensamiento porque para ellos las cosas deben ser de cierta manera y si no, entonces es inaceptable. Con este tipo de pensamiento, se vuelve difícil entusiasmarse con tu trabajo u otros aspectos de tu vida porque siempre estás esperando una de las dos opciones posibles. Ganar o perder.

Personalización

La personalización es una trampa de pensamiento en la que asumes la responsabilidad de cosas que están fuera de tu control. Esto significa que te tomas todo personalmente, incluso cuando las circunstancias no tienen nada que ver contigo.

. . .

Eres el tipo de persona que pensará que la gente quiere atraparte o que simplemente tienes mala suerte. Te ofendes fácilmente y siempre sientes que todo es una prueba de tu valía o valor.

Cuando tu pensamiento excesivo te lleve a la trampa del pensamiento de personalización, tratarás de controlar las circunstancias y los demás porque sientes que todo se trata de ti. Si tiendes a sentir que necesitas arreglar todo, controlar a todos y ser responsable de todo, entonces probablemente tengas una tendencia a pensar demasiado, personalizando todo.

Sal de tu cabeza

Pensar es algo bueno cuando lo usas para encontrar soluciones a problemas, tomar decisiones y hacer planes.

Sin embargo, si tu pensamiento se compone principalmente de preocupaciones sobre el futuro o arrepentimientos del pasado, entonces no solo estás pensando, sino que estás pensando demasiado. Pensar demasiado te quita concentración, energía y tiempo a las cosas que deberías estar haciendo. Es un ciclo interminable porque siempre habrá cosas de las que preocuparse y errores sobre los que reflexionar.

. . .

Para vencer la procrastinación, pensar demasiado es un hábito que tendrás que deshacer. Esto significa salir de tu propia cabeza y estar más presente en el momento.

1) Aprende a estar más presente

Estar presente significa que eres muy consciente de lo que está sucediendo en tu vida en ese momento en particular. Significa que estás conectado y comprometido con tu vida mientras está sucediendo. Cuando te preocupas constantemente por el futuro o el pasado, te vuelves distraído y desconectado de tu presente. Dejas que tus miedos al futuro influyan en tus decisiones y utilizas tus errores pasados para juzgar tu presente.

Cuando cultivas la atención plena, aprendes a concentrarte en el presente. Tu mente no está preocupada por los arrepentimientos del pasado o las preocupaciones por el futuro, esto significa que toda la ansiedad que surge del miedo a lo que sucederá o tus arrepentimientos por los errores pasados ya no dominan tu mente. Las personas que procrastinan tienden a hacerlo porque están cargando equipaje emocional que les hace sentir aprensión por el futuro.

. . .

Cuando estés libre del equipaje emocional, puedes abordar cada situación de manera objetiva. Es por eso que aprender a existir en el momento es una de las formas más efectivas de cultivar la fuerza mental que necesitas para superar la dilación.

Deja que el pasado sea solo eso y esfuérzate por estar conectado y comprometido con lo que está sucediendo en tu vida en el presente. Huele las rosas, disfruta el proceso y deja de estar tan atrapado en preocuparte por el futuro.

Estar presente y consciente te enseña que si haces lo correcto hoy, el futuro se hará cargo de ti mismo. Piénsalo de esta manera, en lugar de obsesionarte con las 40 libras que necesitas perder, ¿no sería mucho más fácil si sólo te concentraras en comer bien hoy? Cuando obtengas los pasos y el proceso correctos, nunca tendrás que temer cuál será el resultado.

La atención plena te ayuda a superar la procrastinación proporcionándote la confianza que necesitas para afrontar lo que se avecina. Cuando estás presente, tienes el control de lo que te está sucediendo porque estás completamente comprometido y viviendo tu vida plenamente. Si estás constantemente distraído, estresado y simplemente haciendo los movimientos, es hora de salir de tu cabeza y practicar ser más consciente.

Las personas que piensan demasiado tienden a estar distraídas porque en cualquier punto su mente está trabajando a una milla por minuto. Si puedes aprender a apagar el ruido y concentrarte en lo que sucede a tu alrededor, será más fácil lidiar con lo que sea que estés enfrentando. Si tu pasado y tu futuro no lo están frenando, entonces tienes mucho menos equipaje de qué preocuparte.

Consejos sencillos para la atención plena

1. La meditación es una excelente manera de devolver tus pensamientos al presente. Las técnicas simples de meditación pueden ayudarte cuando te sientas abrumado por pensamientos o emociones negativas.
2. Los ejercicios de respiración, como la meditación, son una excelente manera de acallar el ruido y devolver la atención al presente. Practica la respiración profunda antes de emprender una tarea abrumadora o tomar una decisión difícil. Esto te ayudará a

calmarte y te dará la claridad mental que necesitas en tales situaciones.

3. Mantenerse activo y saludable no solo es bueno para tu cintura. Los ejercicios físicos son una excelente manera de lidiar con la ansiedad y aumentar tu confianza. Incluso algo tan simple como dar un paseo cuando estás mentalmente agotado puede ayudarte a aclarar tu mente y mantenerte concentrado.

4. Escribir las cosas tiene algo que te ayuda a procesar mejor tus emociones y pensamientos. Escribir un diario es una excelente manera de mantenerte conectado con el presente y evitar pensar demasiado. Te ayuda a procesar tus sentimientos y a desarrollar la conciencia de ti mismo. Adquiere el hábito de llevar un diario para mantenerte en contacto con tu ser interior y crear una salida saludable para los pensamientos y emociones negativos.

5. Sintoniza activamente tus pensamientos. Es común que las personas estén tan ocupadas con la vida que apenas presten atención al tipo de pensamientos que constantemente pasan por sus mentes. Aprende a escuchar tus pensamientos y el tipo de diálogo interno que tienes contigo mismo.

2) **Controla lo controlable**

El tráfico, el clima, la economía, el estado de ánimo de tu jefe, la opinión de tu vecino, todas estas cosas son factores externos que no puedes controlar. Sin embargo, es asombroso cuánto tiempo pasas preocupándote por ellos.

Cuando estás constantemente abrumado por las cosas que no puedes controlar, pierdes un tiempo y una energía preciosos que podrías usar en cosas que realmente están bajo tu control.

Las personas que piensan demasiado tienden a adoptar este hábito porque se obsesionan con cada pequeño detalle. Se preocupan por las opiniones de otras personas, tienen miedo de la competencia y siempre piensan que si las circunstancias fueran las correctas, todo estaría bien. Este es el tipo de pensamiento que lleva a la postergación porque te hace sentir que nunca es el momento adecuado para actuar. Estás esperando que a tu jefe le empieces a gustar antes de pedir un aumento, o estás esperando que el clima se vuelva más cálido para que puedas empezar a trotar y así sucesivamente.

. . .

Para superar la procrastinación, debes reconocer que siempre habrá cosas que están fuera de tu control.

No puedes controlar todo y eso no debería perturbarte porque tus resultados no están definidos por las circunstancias. Tus metas dependen de ti y de tus acciones, por lo que concentrarte en el exterior significa que te estás distrayendo de lo que realmente es importante. No tiene sentido preocuparte y abrumarte por cosas que no puedes controlar porque preocuparte no cambiará nada.

No te sientas abrumado por cosas que no van a importar en un mes o un año a partir de ahora. Para estar verdaderamente dedicado a tus objetivos, debes estar dispuesto a dejar de lado las distracciones que solo te causan ansiedad y estrés. La vida siempre es más fácil si viajas con poco peso, así que solo llevas contigo lo que vas a usar en el futuro. Todo lo demás es equipaje innecesario.

Quítale la emoción

¿Pasas mucho tiempo esperando que te llegue la inspiración? ¿O que llegue el estado de ánimo adecuado para que puedas comenzar con lo que necesitas hacer? No hay forma de huir de las emociones porque el cerebro emocional casi siempre es más fuerte que nuestro cerebro lógico. Gravitamos hacia las cosas que nos hacen sentir bien porque es parte de la naturaleza humana buscar comodidad y seguridad. Entonces, ¿cómo superar la resistencia emocional que hace que evites constantemente las cosas que son incómodas y desafiantes?

Las personas mentalmente fuertes encuentran la manera de superar sus emociones cultivando la disciplina. Crean planes y horarios deliberados que requieren que hagan ciertas cosas en ciertos momentos para mantenerse enfocados en sus objetivos. La verdad son tus días en los que estarás absolutamente fuera de lugar y sentirás que todo lo que quieres es no hacer nada en absoluto. Un horario te ayuda a superar los puntos bajos porque te deja poco espacio para las emociones.

Algo tan simple como dejar tu equipo de entrenamiento cada noche para que sea lo primero que veas en la mañana, o sacar la comida chatarra de tu refrigerador te ayudará a hacer lo correcto sin importar cómo te sientas. Es genial tener motivación e inspiración, pero aún más importante es la autodisciplina que te ayudará a mantenerte constante. No importa lo duro que trabajes hoy si solo vas a holgazanear el día de mañana. La consistencia es lo que te mantiene avanzando hacia tus objetivos.

· · ·

Invierte en procesos y planes de acción que te ayuden a mantenerte comprometido y coherente en la búsqueda de tus objetivos. Mientras más disciplina cultives, más fácil será cultivar hábitos que no estén influenciados por tus emociones. Gradualmente, a medida que adquieres el hábito de planificar y programar, descubrirás que ya no eres prisionero de tus emociones y estados de ánimo.

3) Desarrollar un sesgo hacia la acción

El cerebro humano está programado para tomar el camino de menor resistencia. Lo que esto significa es que, naturalmente, gravitamos hacia la seguridad y la comodidad. Si a menudo te has preguntado por qué tiendes a seguir rutinas y patrones de comportamiento, es simplemente porque tu cerebro está diseñado para tomar el camino más seguro y familiar. Esto es parte del mecanismo de autoconservación que usa la mente para mantenernos a salvo de riesgos y peligros.

La procrastinación es un resultado común de la incapacidad de salir de tu zona de confort y aceptar la incertidumbre. Cuando tienes demasiado miedo de arriesgarte o probar algo nuevo, te vuelves propenso a la indecisión y la inacción. Esto significa que pierdes mucho tiempo pensando en lugar de hacer las cosas. Te vuelve reacio al riesgo y te resulta difícil tomar decisiones porque luchas con cualquier cosa que no te resulte familiar o cómoda.

La investigación ha encontrado que desarrollar un sesgo hacia la acción ayuda a superar la procrastinación. Te ayuda a preocuparte menos y a hacer más. Tener un sesgo hacia la acción significa que pasa de pensar demasiado en todo a abrazar el credo "Simplemente házlo". Afortunadamente, cualquiera puede desarrollar un sesgo hacia la acción y volverse más decisivo y concentrarse.

Consejos para desarrollar un sesgo hacia la acción

- Detener la multitarea

Contrariamente a la opinión popular, la multitarea no aumenta la productividad. Los estudios han encontrado que la multitarea en realidad disminuye la eficiencia del cerebro. Esto significa que cuanto más intentes hacer, menos eficiente serás. Cuando te abrumas con distracciones, múltiples proyectos y responsabilidades, tomar decisiones se vuelve difícil. Te vuelves incapaz de mantenerte enfocado porque tu mente y tu vida están desordenadas.

. . .

Aprende a priorizar y organizar tu día de tal manera que no estés tratando de hacer todo a la vez. Mantén las distracciones al mínimo y evita mantener cosas como las redes sociales a tiempo completo. Cuando te concentras en una tarea en particular, obtienes una mayor claridad mental y la toma de decisiones no es tan abrumadora.

Aprende a decir que no cuando estés lleno de cosas que hacer y tienes que saber siempre qué tareas son importantes para alcanzar tus objetivos. Ten siempre en cuenta que estar ocupado y ser productivo no son siempre lo mismo.

Averigüa qué tareas deberían estar en la parte superior de tu lista y cuáles en segundo lugar. Conservar tu energía para las cosas importantes te hace más eficiente, más productivo y menos estresado.

- Pequeños pasos

Si tienes que superar un desafío o una tarea particularmente difícil, la mayor parte de tu miedo proviene de pensar en todo el trabajo que debe hacerse. Si estás escribiendo un libro y sigues pensando, "¿cómo voy a escribir cuatrocientas páginas?" Te sentirás abrumado por la enorme magnitud de lo que te espera. O, si quieres perder peso y sigues pensando, "necesito perder veinte kilos", este pensamiento hará que la tarea parezca casi imposible.

Si tiendes a posponer las cosas porque la tarea que tienes por delante parece demasiado grande, intenta dividirla en hitos más pequeños. ¿Qué puedes hacer hoy para llegar a donde necesitas ir? No pienses en los veinte kilos que tienes que perder, concéntrate en lo que puedes hacer hoy para comenzar. Cuando divides tu objetivo en hitos del tamaño de un bocado, es más fácil comenzar y mantenerte enfocado.

Si deseas escribir, comienza con la primera página, luego el primer capítulo y el resto seguirá. La parte más difícil, especialmente para los procrastinadores, es el primer paso.

Una vez que lo saques del camino, seguir adelante con tus objetivos no será tan abrumador. Toma tu objetivo un día a la vez y concéntrate en el presente. Si inviertes en el proceso, el resultado se resolverá por sí solo.

- Crea un sistema

Para desarrollar un sesgo hacia la acción tienes que crear hábitos que te empujen hacia tus metas. Esto significa crear un sistema que te empuje hacia la acción. Puede ser tan simple como dejar tu equipo de trabajo todas las noches para que sea lo primero que veas cuando despiertes por la mañana. O asegúrate de trabajar en todo lo que está en tu bandeja de entrada todos los días antes de salir de la oficina.

Los sistemas facilitan el cumplimiento del plan porque lo empujan hacia la acción. No dejes tus metas en manos de estados de ánimo o emociones. Da pasos deliberados hacia tu objetivo utilizando un sistema que lo ayude a mantenerte comprometido y concentrado.

- La regla de los cinco segundos

A veces, la forma más sencilla de comenzar es simplemente contar hacia atrás desde cinco y luego comenzar de nuevo.

Esta regla funciona porque evita que pienses demasiado.

. . .

La mayoría de las veces cuando dudas es porque estás pensando demasiado en la situación. Probablemente estés pasando por los qué pasaría si, los debería, los no debería, los podría y todo lo demás. La cuenta regresiva hasta cinco detiene el pensamiento excesivo y te indica que simplemente comiences y lo descubras sobre la marcha.

4

¿Qué Tan Perezoso Eres?

La procrastinación puede ser la pereza disfrazada, pero la pereza no es la procrastinación. Es fácil asumir que la procrastinación y la pereza son lo mismo, pero esto no es necesariamente exacto. En algunos casos, puedes postergar las cosas porque no estás lo suficientemente motivado para hacer la tarea. Sin embargo, esto es diferente a no hacer algo porque es inconveniente o requiere demasiado esfuerzo.

La pereza es la falta de voluntad para esforzarse por hacer algo. No tiene nada que ver con el miedo al fracaso o las dudas sobre uno mismo, que son las principales causas de la procrastinación.

. . .

Cuando no quieres hacer tu tarea, o cuando dejas tu trabajo a otra persona en el trabajo, esto es solo pereza. No tiene nada que ver con la procrastinación.

La pereza suele ser una indicación de que careces de la motivación intrínseca necesaria para levantarte y hacer algo.

O sientes que la tarea es demasiado trabajo o que no vale la pena el esfuerzo.

La pereza proviene de la falta de interés en lo que se debe hacer o de la falta de motivación suficiente. Cuando la recompensa al final de la tarea no es suficiente para motivarte a actuar, entonces el esfuerzo requerido siempre parece demasiado. La pereza no siempre es mala. A veces, incluso las personas más trabajadoras pueden experimentar agotamiento. Cuando llegas a esta etapa en la que estás física y mentalmente agotado, probablemente tengas ganas de tomarte un día libre y no hacer nada.

Todos tienen días en los que todo lo que quieren hacer es quedarse en la cama o descansar en el sofá todo el día. La pereza a veces puede ser la forma en que tu cuerpo te dice que te lo tomes con calma, especialmente si te has esforzado demasiado. Cuando esto sucede, un día sin hacer nada puede ayudarte a recargarte y despejar la mente. Sin embargo, la pereza habitual no solo es mala para tu productividad, sino que puede llevarte a peores hábitos como la procrastinación.

Cuando no te sientes con ganas de hacer algo, significa que te falta la motivación para hacer el esfuerzo requerido. La pereza se trata principalmente de la falta de metas claras o de la pasión por lo que necesitas hacer. Cuando no tienes claro lo que quieres o para qué estás trabajando, entonces será difícil aplicarte a cualquier cosa porque bueno, realmente no te importa. A diferencia de la procrastinación, la pereza indica falta de propósito y pasión.

Los procrastinadores en cambio sí tienen objetivos claros, sin embargo, la ejecución de sus planes se convierte en un problema debido a la resistencia emocional. Cuando pospones las cosas se debe a una mala planificación, miedo, indecisión e incapacidad para actuar. Hacer la distinción entre pereza y procrastinación es importante. Te ayudará a comprender cuál es la raíz de tu incapacidad para alcanzar tus objetivos. Si tu productividad se ve afectada por la pereza, entonces lo que tienes es una falta de metas o la motivación para perseguir lo que deseas.

El principio del placer

Comida rápida, mensajes de texto, redes sociales, la lista de cosas que usamos para acceder al placer rápidamente es infinita. La naturaleza humana impulsa no solo a buscar placer, sino a buscar placer ahora. ¿Por qué sentirte bien mañana si puedes sentirte bien ahora? ¿Por qué tomar la ruta larga si hay un atajo más corto y más fácil?

La psicología de la gratificación instantánea es simple, queremos placer y lo queremos ahora.

La incomodidad emocional asociada con la espera de una recompensa es lo que domina tu mejor juicio. La abnegación requiere más que fuerza de voluntad; requiere autodisciplina y, desafortunadamente, aquí es donde la mayoría de la gente se mete en problemas. El principio del placer descrito por un médico neurólogo austriaco de origen judío, padre del psicoanálisis y una de las mayores figuras intelectuales del siglo XX indica que la mente inconsciente está motivada puramente por sus instintos más básicos. Estos son los instintos que hacen que priorice el placer sobre la incomodidad, sin importar cuáles sean las posibles consecuencias a largo plazo.

La gratificación instantánea casi siempre es contraproducente. Cada vez que eliges el placer, estás posponiendo algo más que es más importante y más relevante para tus objetivos a largo plazo. La gratificación instantánea es una de las razones por las que las personas tienden a posponer las cosas o retrasar el trabajo en ellas. Cuando terminas pasando horas en las redes sociales en lugar de hacer tu trabajo, no es que no sepas qué es lo correcto. Es porque tu necesidad de placer es mayor que tu motivación para hacer tu trabajo.

¿Cuántas veces planeas ser productivo durante los fines de semana solo para terminar durmiendo o viendo tu programa favorito? ¿Sigues planeando comenzar con esa nueva dieta mañana? ¿Te encuentras siempre apurado para cumplir con los plazos porque saliste con tus amigos, nuevamente, en lugar de trabajar en tu proyecto? El problema con la gratificación instantánea es que casi siempre hay algo más divertido, más interesante y menos desafiante que hacer. Si adquieres el hábito de priorizar siempre el placer, la probabilidad de que seas productivo o alcances tus objetivos es bastante mínima.

. . .

Aumentar kilos de más, endeudarse, reprobar los exámenes, arruinar su carrera y muchos de los otros escollos en los que se mete la gente están relacionados de algún modo con la necesidad de una gratificación instantánea. Las personas agotarán sus tarjetas de crédito en cosas que no pueden pagar, no porque desconozcan su situación financiera, sino porque carecen de la autodisciplina para ir en contra de su necesidad de gratificación instantánea.

Disfrutarás de la comida rápida incluso cuando sepas lo que le estás haciendo a tu cintura y a tu salud. Verás, cuando se trata de placer, eres plenamente consciente de las consecuencias, pero de todos modos permites el impulso. La mayoría de los hábitos adictivos surgen de la necesidad de satisfacer un antojo para satisfacer tus impulsos emocionales.

Comprar te hace sentir bien, por lo que puedes seguir haciéndolo incluso cuando tus finanzas están en números rojos. El helado te reconforta cuando te sientes decaído, así que sigues comiéndolo aunque estés tratando de perder peso. Sabes que tu proyecto vence mañana pero sales a beber porque bueno, es mucho más divertido que trabajar.

. . .

Cuando adquieres el hábito de complacer tus impulsos con placer momentáneo, estás sucumbiendo al principio del placer. Este hábito puede volverse tan arraigado que se vuelve difícil de vencer. Las adicciones son un ejemplo clásico de la naturaleza contraproducente de la gratificación instantánea. Los adictos luchan durante años para superar sus adicciones. Esto no se debe a que no sepan el daño que se están haciendo a sí mismos. Los hábitos inevitablemente crean bucles en su cerebro que no se pueden romper con solo presionar un interruptor.

Este ciclo comienza con un desencadenante como el miedo, la ira o cualquier otra emoción. Una vez que comienzas a sentir esta emoción negativa, buscas una manera de sentirte mejor. Esto te lleva a la acción. La acción causada por el desencadenante emocional puede ser cualquier cosa, desde ir de compras hasta atracones de comida o bebida. Una vez que actúas, empiezas a sentirte bien. Esta emoción positiva es la recompensa. Esencialmente, esto crea un bucle en tu cerebro que conduce desde la emoción desencadenante a la acción y finalmente a la recompensa.

Una vez que estos bucles están arraigados en tu cerebro, ocurren casi en un nivel subconsciente. Tus instintos más básicos impulsarán tu comportamiento porque está naturalmente inclinado a buscar el placer y evitar la incomodidad.

Esto se convierte en un problema para tu productividad porque en la mayoría de los casos no existe una recompensa instantánea por el trabajo.

Cuando trabajas duro hoy, no hay placer instantáneo en eso.

La recompensa está en algún lugar del futuro, por lo que el atractivo de trabajar duro no puede vencer el encanto del placer instantáneo. En pocas palabras, postergarás y pospondrás las cosas cada vez más porque has adquirido el hábito de ceder a la necesidad de una gratificación instantánea.

El polo opuesto de la gratificación instantánea es la gratificación retrasada. En la gratificación retrasada, haces el trabajo hoy para cosechar la recompensa o los beneficios mañana. Tu capacidad para priorizar la gratificación retrasada sobre la gratificación instantánea siempre será el factor clave para alcanzar o no tus metas. Tanto los procrastinadores como las personas perezosas luchan con la gratificación retrasada. A menudo carecen de la fuerza de voluntad para resistir y esperar la recompensa.

Si entras en esta categoría, lo más probable es que te distraigas fácilmente y tengas problemas para mantenerte concentrado.

Es muy posible que comiences con la tarea que necesitas realizar, pero si surge algo más interesante o divertido, te desharás de lo que estaba haciendo. Es por eso que encontrarás que termina con muchos proyectos y tareas a medio terminar que comenzaste pero nunca completaste. Para vencer la procrastinación, no hay forma de evitar el hecho de que debes entrenarte para priorizar la gratificación retrasada. Esto significa mantenerte dedicado a la tarea incluso cuando preferiría estar haciendo otra cosa.

Entonces, ¿cómo puedes evitar ceder a tus instintos más básicos y mantener el rumbo? ¿Cómo evitas que tu mente divague y evitar las distracciones? Para vencer la necesidad de la gratificación instantánea, deberás cambiar tu mente de la búsqueda constante de placer. Esto significa no sólo ser consciente de ti mismo, sino hacer un esfuerzo consciente para elegir la productividad sobre el placer.

. . .

Como con cualquier otro hábito, no eliminarás el impulso de la gratificación instantánea de la noche a la mañana. Sin embargo, cuanto más practiques la abnegación, más fácil será con el tiempo. Cuando empieces a ver los frutos de tu productividad, el encanto del placer momentáneo palidecerá en comparación con la idea de lo que puedes ganar.

Consejos para superar la procrastinación a través del retraso de la gratificación

- **Tener metas claras**

Esperar es difícil en circunstancias normales, pero puede ser aún más difícil si no tienes idea de qué es lo que estás esperando. Sin metas claras, siempre cederás a tus impulsos porque no tienes un propósito superior. Tener una meta te da algo a lo que aspirar y trabajar. Este sentido de propósito es lo que te ayudará a mantener las cosas en perspectiva y priorizar las cosas que realmente te importarán en el futuro.

No se presente simplemente al trabajo para hacer lo que le digan que haga. ¿Cuáles son tus metas personales? ¿Quieres ascender en la escala corporativa en dos o tres años?

. . .

¿Quieres adquirir más habilidades? ¿Quieres ahorrar lo suficiente para iniciar tu propio negocio o jubilarte anticipadamente? No te limites a alinearte con los planes y objetivos de otras personas. Tómate el tiempo para encontrar tus propias pasiones y metas y conviértelas en tu panorama más amplio.

A menudo, cuando flaqueas o pierdes de vista tus metas es porque las metas que tienes no son lo suficientemente significativas para mantenerte comprometido.

Esto sucede cuando simplemente estás de acuerdo con las ideas y planes de otras personas. Tener metas no solo te indicará la dirección correcta, sino que te mantendrá enfocado en las cosas importantes de tu vida. Establezca metas claras para tus finanzas, tu salud, tu carrera, tus relaciones y todo lo demás que sea importante para ti. Cuando tienes una meta, creas un plan para ayudarte a llegar al objetivo.

Una vez que tengas este plan, estarás menos tentado a ceder a tus impulsos. Un plan deja claro el camino correcto. Es menos probable que te vayas de compras si te has fijado la meta de ahorrar para algo importante como la universidad o tu primera casa. Las metas te dan un propósito y el propósito hace que la espera valga la pena.

Si te distraes constantemente y buscas formas de satisfacer tus impulsos, esto solo significa que tus metas son inexistentes o no lo suficientemente significativas para ti. Establezca metas para cada área de tu vida en función de dónde deseas estar en un mes, un año o cinco a partir de ahora.

¿Qué quieres realmente? Una vez que tengas estos objetivos, pregúntate qué debes hacer hoy y todos los días hasta que los alcances.

Cuando tengas claro tu propósito, incluso cuando pospongas las cosas o cedas a la pereza, solo será un lapso momentáneo. Los objetivos sirven como un faro que ilumina tu camino a seguir y te muestra exactamente hacia dónde debes ir. Una vez que sepas a dónde se dirige, los pasos que debes seguir se vuelven más o menos autoexplicativos.

- **Toma el control de tu entorno**

Fuera de la vista y fuera de la mente es un buen lema, especialmente si te distraes con facilidad. Para ser productivo, debes cultivar conscientemente un entorno que te habilite en lugar de obstaculizarlo. ¿Por qué mantendrías tu teléfono cerca de ti cuando intentas completar un proyecto importante? ¿Por qué hacer viajes innecesarios al centro comercial si sabes que una vez que comienzas a comprar no puedes detenerte?

Al igual que un adicto te dices que puedes dejar de hacerlo cuando quieras; puedes sabotearte a ti mismo si no reconoces tu debilidad. Decirte a ti mismo que sólo mirarás tu portal de tu red social durante cinco minutos o que solo irás a una tienda es prepararte para el fracaso. Si sabes las cosas que te distraen, mantente alejado de ellas hasta que hayas completado la tarea en cuestión.

Apaga tu teléfono o ponlo en silencio cuando trabajes en proyectos importantes.

Si tienes problemas para ajustarte a un presupuesto, pídele a otra persona que haga las compras o compre tus cosas en línea para que no te sientas tentado a comprar cosas que no necesitas. Las personas inteligentes conocen sus debilidades y las personas más inteligentes se aseguran de mantenerse alejadas de la tentación. No intentes poner a prueba tu fuerza de voluntad manteniendo las distracciones a la vista. Lo más probable es que si quitas de la vista las cosas que te tentan, te resultará más fácil mantenerte concentrado.

Si quieres ponerte a dieta, no llenes tu nevera con todo tipo de comida chatarra. En cambio, abastecete de cosas saludables para que, incluso si te sientes tentado a darte un gusto, solo ten alimentos saludables. Este tipo de planificación te ayuda a mantenerte comprometido con tus objetivos al asegurarte de que tu entorno funcione para ti. Mantén alejadas las tentaciones y habrá menos distracciones que te alejarán de lo que es importante.

Las distracciones también se aplican al tipo de personas con las que te rodeas. No esperes ir demasiado lejos si siempre estás con personas que no tienen metas propias. Quieres tener personas que te impulsen a ser mejor y te ayuden a trabajar hacia tus metas. Asegúrate de que el tipo de amigos que tienes te fortalezca y no te derribe. Esto no significa que debas tener objetivos idénticos con tus amigos. Simplemente significa que las personas en tu vida no deberían ser las que te impidan seguir adelante.

. . .

Así como una planta necesita ser cultivada en el ambiente adecuado para crecer, tú también. No plantarías una semilla en un lecho de rocas o en un rincón oscuro donde no reciba luz ni agua. Una semilla sólo crecerá si tiene el equilibrio adecuado de luz, agua y nutrición para mantenerla nutrida.

Si has hecho algún tipo de jardinería, entonces sabes que las plantas siempre crecen hacia el sol o la luz. Esto es porque buscan lo que les nutre y les ayuda a crecer. Esta es una lección valiosa que puedes utilizar para saber en qué dirección crecer. Busca a las personas, las situaciones y el entorno que te nutren y te ayudan a prosperar; ese es tu sol.

- **Piensa bien las cosas**

Los impulsos son las cosas que te llevan a buscar una gratificación instantánea. Cuando tienes un impulso, rara vez lo piensas bien. Esto se debe a que tus instintos más básicos impulsan tu cerebro emocional y tus emociones impulsan tu comportamiento. Cuando no te tomas el tiempo para pensar detenidamente, la gratificación instantánea siempre te parecerá una buena idea.

. . .

Sopesar los pros y los contras antes de tomar decisiones puede ayudarte a superar la procrastinación y vencer el impulso de priorizar el placer. Tómate un minuto para preguntarte: si hago esto ahora, ¿qué significará mañana? Si no termino este proyecto hoy, ¿qué pensará mi jefe de mí?

Si me salto la conferencia, ¿cómo afectará eso a mi rendimiento? Si como comida rápida, ¿cómo podré volver a estar en forma? Este tipo de preguntas te ayudan a ver las consecuencias de tus acciones. Te darán una perspectiva y te ayudarán a descubrir qué es más importante.

Hacer una pausa por un minuto antes de elegir o actuar puede ayudarte a superar sus impulsos emocionales. ¿Por qué con el beneficio de la retrospectiva puedes ver claramente a dónde fuiste por error? Es simplemente porque una vez que has tenido la oportunidad de pensar las cosas, las comprendes mejor. Los impulsos suelen ser fuertes si no te detienes a cuestionarlos o pensarlos detenidamente.

Estás deseando una buena hamburguesa jugosa, así que sal y compra una. Rara vez te paras a pensar, ¿por qué una hamburguesa, no una ensalada o algo saludable?

Simplemente haces lo que te apetece y dejas que las consecuencias se ocupen de sí mismos. Si cambiarás el guión y comenzarás pensando en las consecuencias antes de actuar, estoy bastante seguro de que tomarías muchas decisiones diferentes.

La abnegación no es tan difícil cuando tienes una idea clara del costo de la gratificación instantánea. Tómate un tiempo para pensar bien las cosas antes de actuar. Sopese lo que puede ganar frente a lo que puede perder.

Si unos minutos de placer le van a costar sus metas, probablemente no valgan la pena.

- **Retrasar la recompensa**

Cumplir con tus metas no significa que no puedas divertirte. Simplemente significa recompensarte a ti mismo después de que el trabajo está hecho, no antes de que lo hagas. Date una recompensa después de realizar una tarea o hacer lo que se supone que debes hacer. Cuando aprendes a retrasar la gratificación, esencialmente te conviertes en tu motivación para terminar la tarea.

. . .

En lugar de ir a ver una película y posponer tu trabajo escolar, ¿qué tal si te recompensas con una película después de terminar el trabajo escolar? Cuando hagas que la recompensa venga después del trabajo, la disfrutarás mucho más porque no hay culpa involucrada. Nada es tan placentero como la sensación que tienes cuando sabes que has palomeado todos tus "yos".

Para vencer la procrastinación, no es necesario que dejes de hacer todas las cosas que disfrutas. Simplemente necesitas cambiar tus prioridades para que el trabajo venga antes que la diversión. La gratificación retrasada dura más, te cuesta menos y te enseña que esperar una recompensa bien vale la pena el esfuerzo.

La próxima vez que te sientas tentado a posponer tu trabajo o una tarea importante, pregúntate cómo te sentirías después de haber terminado. Imagina completar la tarea y cómo te sentirás. Cuando puedes visualizar el resultado, la recompensa no parece tan descabellada.

El problema de la gratificación instantánea es que es fugaz.

. . .

Nunca lo disfrutas tanto como pensabas porque siempre hay algo que debes hacer colgando sobre tu cabeza. Retrasa el placer y conviértelo en la recompensa que obtienes después de terminar lo que sea que necesites hacer.

Invertir en el proceso

Quieres ser financieramente estable, pero aún quieres gastar dinero. Quieres estar en forma y saludable, pero aun así quieres comer lo que quieras. Quieres que te asciendan, pero también quieres hacer el menor esfuerzo posible. Tener tu pastel y comértelo también puede ser lo mejor de ambos mundos, pero en realidad, no sucede. Tienes que elegir uno u otro.

Para vencer la procrastinación e incluso la pereza, el proceso tiene que ser tan importante, si no más, que el resultado.

Digamos que te propusiste perder algo de peso y te das un mes para hacerlo. La primera semana eres tan bueno como el oro. Solo alimentos saludables, porciones razonables y mucho ejercicio. Estás emocionado y motivado para alcanzar tu objetivo. Al final de la semana, te subes a la báscula y solo has perdido media libra.

Este minúsculo progreso te decepciona y no puedes entender por qué, después de todo el arduo trabajo, no tienes nada que mostrar. No obstante, sigues adelante y en la segunda semana trabajas aún más duro. Aumentas tus ejercicios, comes menos y te concentras en tu objetivo. Al final de la segunda semana, subes a la báscula y, para tu horror, en realidad has ganado una libra. Esto le quita todo el fuego a las velas y comienzas a pensar que tal vez son sólo tus genes y estás destinado a tener sobrepeso.

En este momento, estás completamente desanimado y dejas de seguir tu programa de dieta o sigues haciéndolo a medias. En algún momento, vuelves a tus viejas costumbres porque después de todo tu arduo trabajo no tienes nada que mostrar. Este escenario ocurre muchas veces en nuestras vidas. No importa cuál sea el objetivo. Podría ser un ascenso, un nuevo trabajo, mejores calificaciones o una nueva relación.

Cualquiera que sea el objetivo, comenzarás decidido y comprometido.

Sin embargo, cuanto más tiempo pasas sin ver ningún resultado, más empiezas a perder tu dedicación. Esto se debe a que es parte de la naturaleza humana priorizar el resultado sobre el proceso. Cuando piensas en tus metas, piensas en ellas en términos de lo que vas a conseguir; no lo que tienes que hacer para conseguirlo.

Cuando te concentras solo en el resultado sin invertir en el proceso, a menudo fallarás y te rendirás a la mitad de lo que estés haciendo. Esto se debe a que en tu mente no aprecias el valor del proceso. Quieres el resultado pero lo quieres ahora, no quieres tener que esperar por él. El problema con esta mentalidad es que en la mayoría de los casos el proceso es más importante que el resultado. No importa cuánto tiempo lleve, si el proceso es correcto, el resultado se resolverá por sí solo.

Deja de ver tu objetivo como un fin en sí mismo, sino como parte de un proceso que te ayuda a ir de donde estás ahora a donde quieres estar. Por ejemplo, para lograr la independencia financiera, es posible que debas aprender a ahorrar, a vivir dentro de tus posibilidades y a invertir sabiamente. Es posible que estas lecciones no sean lo que buscas, pero te servirán incluso después de lograr tu objetivo. Por eso es importante valorar el proceso que te lleva a tus metas.

. . .

Si tu objetivo es perder peso, necesitarás comer más saludablemente, hacer más ejercicio y ser más consciente de tu salud. Incluso después de perder peso, necesitarás estas lecciones para mantenerte en forma y saludable. El proceso no solo te lleva a la meta, sino que te ayuda a mantener y mantener el progreso que has logrado. Las personas que hacen dieta "yo-yo" siguen recuperando el peso que han perdido porque no valoran el proceso. Una vez que llegan a su objetivo, olvidan las lecciones y vuelven a sus viejas costumbres.

Cuando inviertes en el proceso, tu enfoque no está en el resultado, sino en los pasos que debes seguir para llegar al resultado. Valorar el proceso te ayuda a mantener la fe cuando las cosas se ponen difíciles. Te ayuda a mantenerte comprometido y te disciplina para mantener el rumbo.

Cuando estás atado a tus metas por la autodisciplina, es más probable que las alcances que si simplemente te alejaras de la emoción o la motivación.

. . .

Deja de pensar en el resultado y concéntrate en el plan de acción. Cuando tu mente esté en lo que necesitas hacer hoy, entonces no tendrás tiempo para preocuparte por la posibilidad de fallar. Invertir en el proceso te impulsa a actuar porque sabes exactamente qué debes hacer y cuándo debe hacerse. Una vez que hayas establecido tu objetivo, cambia tu enfoque al plan de acción. Establece pasos y acciones deliberados que utilizarás para desarrollar los hábitos que te llevarán a tu objetivo.

Si parece que nunca obtendrás la promoción, olvídate de la promoción por ahora y concéntrate en hacer un buen trabajo hoy. Asegúrate de que tu trabajo sea excepcional. Intensifica y asume desafíos cada vez que surja la oportunidad. Hazte invaluable siendo bueno en lo que haces y excelente en aprovechar las oportunidades. Ya sea que obtengas o no el ascenso, habrás mejorado en tu trabajo. Tu poder no está en lo que pueda suceder o no, sino en las acciones que estás tomando hoy.

Si eres estudiante, en lugar de preocuparte siempre por tu promedio para la universidad, concéntrate en estudiar y aprobar tus exámenes. El proceso es lo que asegura el resultado, por lo que debería ser lo más importante a la hora de perseguir tus objetivos. El problema de concentrarte demasiado en el resultado es que facilita posponer las cosas.

. . .

Cuando el resultado parece tan lejano, te desanimas y se vuelve difícil mantenerse comprometido.

Cada objetivo parecerá imposible si lo miras con una perspectiva de todo o nada. Concéntrate en los pasos y deja que el juego final se encargue de ti mismo. No se trata de los veinte kilos que necesitas perder, se trata de comer bien hoy y hacer algo de ejercicio. No se trata de impresionar a tu jefe para que te asciendan, se trata de entregar un trabajo ejemplar que habla por sí solo. Sin el proceso, el resultado no es posible.

Dominar la autorregulación

¿Con qué frecuencia sientes que el mundo está en tu contra o como tú que estás luchando para remar contra la marea? No es raro sentir que hay una fuerza invisible que te persigue. No le agradas a tu jefe; tu colega siempre te está saboteando y el tráfico siempre parece mucho peor cuando llega tarde. Todo esto puede ser cierto, pero ¿con qué frecuencia te detienes a pensar en cuánta mala suerte en tu vida estás haciendo tú mismo?

A menudo es mucho más fácil buscar soluciones externamente porque mirar hacia adentro requiere que cuestiones tus creencias y tus valores. Cuando no puedes cultivar la autoconciencia, hay muy pocas posibilidades de que aprendas a autorregularte. Debes estar dispuesto a confrontar tus creencias y valores para dominar la autorregulación.

La autorregulación es la capacidad de controlar tus emociones e impulsos. Es la autorregulación lo que te permitirá decir no a una salida nocturna cuando tienes un trabajo importante que hacer. La autorregulación significa que puedes sentirte tentado a posponer algo pero no ceder al sentimiento. En otras palabras, el autocontrol es lo que marca la diferencia entre el pensamiento emocional y el pensamiento racional.

El pensamiento emocional es competencia del sistema límbico del cerebro. Esta parte de tu cerebro es donde se generan las emociones. Cada vez que tienes una interacción, un pensamiento o una experiencia, tu sistema límbico es el primer punto de interpretación. Esto significa que tu cerebro interpreta las cosas. emocionalmente antes de que pueda interpretarlos racionalmente. Esto le da a las emociones una ventaja para dirigir nuestro comportamiento y acciones.

. . .

Nuestra naturaleza emocional es lo que hace que la necesidad de gratificación instantánea sea tan difícil de superar. Piénsalo de esta manera, cada vez que dejas de hacer algo, no es porque no sepas qué es importante sino porque no tienes ganas de hacerlo. Las emociones pueden ser un motivador poderoso y, a menos que aprendas a autorregularte, siempre serás prisionero de tus impulsos.

Superar la inclinación natural a priorizar el placer y superar la procrastinación, la autorregulación es clave. Tienes que dominar la abnegación y aprender a hacer las cosas no porque se sientan bien sino porque son importantes. Tu mejor juicio siempre debe prevalecer cuando intentes elegir qué camino tomar. Esto no significa que no tendrás ninguna emoción. La autorregulación significa que tienes emociones como cualquier otra persona, pero no son la fuerza impulsora detrás de por qué haces las cosas.

Consejos para dominar la autorregulación

Cultivar la autoconciencia

. . .

Conoce tus debilidades. Si te distraes fácilmente con tu teléfono o música, asegúrate de que esta distracción no esté a la vista cuando tengas una tarea importante que realizar.

Conoce los factores desencadenantes que te hacen posponer las cosas o posponer las cosas.

Cuando sabes dónde están tus puntos ciegos, se vuelve mucho más fácil combatirlos. Ser consciente de ti mismo hace que sea mucho más fácil procesar y lidiar con las emociones negativas. Cuando te sientas tentado a posponer algo importante, pregúntate por qué. ¿Es porque tienes miedo del resultado? ¿Estás dudando de tu habilidad? ¿Es simplemente pereza? Cuando cuestionas tus emociones, comienzas a deshacer el control que tienen sobre ti.

Todo el mundo tiene debilidades, pero los que conocen sus debilidades están mejor equipados para superarlas. Quédate en sintonía con tus pensamientos y emociones interiores y descubrirás las verdaderas razones por las que postergas las cosas.

. . .

Esfuérzate por estar presente

Mucha procrastinación es impulsada por tus miedos al futuro o por los arrepentimientos del pasado. Vivir el momento te ayuda a controlar tus emociones al cerrar las experiencias mentales. Las experiencias mentales son pensamientos sobre el pasado o el futuro que desvían tu atención del presente. Aprende a vivir el momento sin pensar demasiado en tu pasado ni en tu futuro.

Tus miedos pueden no tener ninguna relación con tu situación actual, pero de todos modos te detendrán en seco. Esto se debe a que las emociones afectan tu claridad mental y te impiden ver las cosas objetivamente. Cuando empieces a juzgar tu presente basándote en tu pasado, es probable que siempre te sientas abrumado e intimidado por los desafíos.

Esto significa que para progresar necesitas dejar atrás tu equipaje emocional y vivir el momento.

Las prácticas como la meditación y los ejercicios de respiración pueden ayudarte a procesar las emociones negativas.

Cuando practicas técnicas de atención plena, efectivamente devuelves tu enfoque al presente y esto te ayuda a manejar las emociones negativas.

Tener un plan

Los impulsos emocionales solo te descarrilarán si no tienes un plan. Deja de esperar a que llegue la motivación o la inspiración. Crea horarios que te pidan que actúes y te pongan en movimiento. Tu día debe tener un propósito y estar dirigido por una meta o plan que debe lograrse.

El simple hecho de tener una lista de tareas pendientes o un horario puede ayudarte a mantenerte encaminado. Es mucho más difícil ceder a tus impulsos cuando has creado un plan y un horario para ti. Cuando te levantes por la mañana, pregúntate qué necesitas lograr ese día. Ve más allá y anótalo. No importa en qué estado de ánimo te encuentres, te habrás fijado tareas que cumplir. Esto te ayudará a superar cualquier resistencia emocional a lo que necesites hacer.

El autocontrol es comprender que tienes emociones y que para superarlas necesitas algo más grande que esas emociones. Un plan te da un propósito y una dirección. Hace que sea más fácil decir no a las tentaciones y distracciones.

5

Conseguir El Control

La naturaleza emocional de la procrastinación

En general, los humanos son seres bastante simples. Sentimos, luego pensamos y luego actuamos. Es simplemente la forma en que estamos conectados. Nuestro cerebro emocional es más rápido que nuestro cerebro racional, por lo que la mayoría de las decisiones que tomamos están impulsadas por las emociones.

Cuando intentas averiguar por qué tardas tanto en hacer las cosas que sabes que debes hacer, no puedes pasar por alto el aspecto emocional de la procrastinación.

. . .

Nuestras emociones se dividen en dos amplias categorías.

Hay emociones positivas como la alegría, el entusiasmo, el orgullo, la gratitud y tenemos las emociones negativas como el miedo, la vergüenza, la culpa y la ira.

Cada vez que te enfrentas a una tarea o una decisión, puede estar asociado con emociones positivas o con emociones negativas.

Si una actividad te brinda placer o un sentido de orgullo por realizarla, entonces se convierte en una fuente de emociones positivas y deseas realizarla cada vez más. Por ejemplo, si eres bueno creando propuestas ganadoras en el trabajo, entonces cada vez que tengas un proyecto así lo abordarás con entusiasmo y confianza.

Lo mismo ocurre con las actividades que disfrutas, como pasar el rato con amigos, ver tu programa favorito y cosas así. Siempre priorizarás las tareas que te hagan sentir bien.

. . .

Por otro lado, algunas cosas te desafían y te hacen sentir incómodo. Si tienes una tarea difícil como ir a una entrevista o presentarte a un examen, es probable que experimentes emociones negativas como ansiedad o pavor. En este caso, pueden hacer todo lo posible para posponer la experiencia o evitarla juntos debido a las emociones negativas.

Naturalmente, las cosas a las que tenemos reacciones emocionales positivas son más fáciles de hacer que aquellas que provocan emociones negativas en nosotros.

En esencia, la mayoría de las cosas sobre las que pospones las cosas son cosas que tienen una emoción negativa asociada.

Si tienes miedo de fallar, digamos en una entrevista, por supuesto, no estarás ansioso por hacerlo. Incluso puedes encontrar formas de evitar ponerte en esa situación en la que los demás lo juzgarán. Cuando las tareas o decisiones se asocian con emociones negativas, entonces no sentirás entusiasmo por ellas. Encontrarás excusas para no hacerlas o para seguir postergándolas. Esto se debe a que las emociones negativas amenazan nuestra sensación de seguridad y porque no nos gusta sentirnos incómodos, encontramos formas de evitarlas.

¿Alguna vez te has parado a preguntarte por qué la gente te quejas constantemente de tu trabajo, tu situación financiera, tu vida amorosa y todo lo demás? La gente se queja porque saben cuál es el problema, saben que se puede solucionar pero no están dispuestos a efectuar el cambio. ¿Por qué puedes preguntar? Porque el miedo a exponerte, correr riesgos o salir de tu zona de confort supera con creces la incomodidad de estar en una situación infeliz.

La razón por la que la mayoría de las personas nunca alcanzan sus metas no es que no sepan lo que deben hacer, sino más bien porque les falta el coraje para hacerlo. Puede ser un cliché, pero la verdad es que todo lo que siempre has querido vive del otro lado de tu miedo. Esto significa que para superar la procrastinación, primero debes poder conquistar tus emociones y autorregularte.

Las emociones son una fuerza impulsora poderosa y, a menos que puedas controlar tus emociones, tendrás muy poco control sobre tu vida. Controlar significa que no estás permitiendo que tus emociones impulsen tus decisiones y que tienes control sobre las decisiones que tomas. Naturalmente, las emociones están en el centro de la experiencia humana, por lo que no puedes evitar tener emociones tanto buenas como malas. Sin embargo, cuando tengas control sobre estas emociones serás capaz de sentirlas pero no de tomar decisiones basadas en ellas.

Entonces, la próxima vez que pospongas trabajar en esa tarea o solicites un trabajo que quieras o incluso invites a salir a la persona de la que estás enamorado, pregúntate: "¿Por qué estoy dudando? ¿Tengo miedo de trabajar? ¿Tengo miedo de tener éxito? ¿Tengo miedo al cambio?"

Cuando empieces a examinarte, las razones por las que sigues postergando las cosas, empezarán a desentrañar las emociones que te retienen como rehén.

No importa qué tipo de procrastinador seas. Ya sea que seas el perfeccionista, el buscador de placeres o incluso el soñador, te darás cuenta de que nueve de cada diez veces pospones las cosas por razones emocionales, no lógicas.

Evitas trabajar en algo porque no te sientes motivado, o no quieres hablar con tu jefe sobre un aumento porque tienes miedo de lo que dirás o no quieres ir al gimnasio porque odias hacer ejercicio.

La resistencia emocional es el impedimento más fuerte para hacer las cosas. A menos que puedas controlar tus emociones. entonces siempre encontrará que prioriza las cosas que lo hacen sentir bien y pospone las cosas que lo asustan o desafían de alguna manera. Las decisiones emocionales son la forma más segura de salirse del camino y perder de vista tus metas porque como todos sabemos, las cosas que nos hacen sentir bien no siempre son las mejores para nosotros.

Si tienes problemas para regular tus emociones, comienza por cultivar la conciencia de ti mismo. La mayoría de las veces, cuando las emociones se apoderan de ti, es porque no estás realmente en contacto con lo que estás sintiendo o lo que está causando esa emoción en particular. Por ejemplo, tu miedo a hacer algo desafiante puede deberse realmente a una falta de confianza en ti mismo o una falta de voluntad para poner a prueba tus habilidades.

Apaga el piloto automático y profundiza detrás de la emoción para encontrar el por qué. La mayoría de las veces encontrarás que tus desencadenantes de las emociones negativas son resacas de errores pasados y no tienen nada que ver con la situación en la que te encuentras actualmente.

Antes de que pienses "oh no, haré esto mañana, o trabajaré en esto más tarde", mira detrás de la emoción. ¿Por qué estás evitando esa tarea o decisión? ¿Tienes una razón lógica o simplemente te estás volviendo loco? Cuanto más comprendas tus emociones, más manejables serán.

La maldición de la inacción

Entonces, has estado posponiendo hacer algo por un tiempo. Cada vez que lo piensas, lo olvidas. Estás esperando tener el valor para hacerlo o simplemente el momento adecuado. Desafortunadamente, cuanto más pospongas hacer algo, más aterrador y desafiante se vuelve.

Cuanto más esperes, más abrumadora será la tarea o la decisión. Pasa de ser lo que no te gusta y se transforma en este desafío más grande que la vida. La inacción es una de las formas más seguras de hacer montañas con un grano de arena. Este miedo creciente se debe a que la inacción genera más dudas y más miedo.

Eventualmente, el miedo se vuelve tan grande que puedes convencerte de no hacer lo que necesitas o esperar hasta el último minuto para hacerlo.

Esta es la maldición de la inacción, cuanto más te sientes con tu temor, más grande se vuelve. Lo contrario es cierto con la acción. Cuando comienzas a trabajar en algo, tu confianza aumenta y terminas sintiéndote más motivado para continuar. Esto significa que la inacción se convierte en un ciclo de autopropagación en el que tienes demasiado miedo para actuar por lo que no comienzas y porqué no comienzas tu miedo solo sigue creciendo.

La única diferencia entre los procrastinadores y las personas proactivas es que las personas proactivas sienten el miedo pero dan el primer paso de todos modos. Entienden que después del primer paso, el miedo comienza a disiparse hasta que ya no tienen miedo. La acción genera confianza, mientras que la inacción genera dudas y miedo. De una forma u otra, la que elijas determinará no sólo qué tan productivo eres, sino si puedes o no lograr tus objetivos.

. . .

Piensa en alguien que necesita pararse frente a un grupo de personas y dar un discurso. Antes del discurso, estarán nerviosos y temerosos de subir al escenario.

Cuando lleguen al podio, probablemente titubeen en las dos o tres primeras frases, pero después de eso, entrarán en el momento y su confianza aumentará gradualmente a medida que sigan hablando. En última instancia, la única forma de superar tu miedo es actuar. La cura para el miedo no es evitar la acción, sino dar el primer paso.

Una vez que te das cuenta de que la acción genera confianza, incluso la tarea más abrumadora se vuelve manejable. Esto significa que para superar tu inacción, todo lo que necesitas hacer es comenzar. No tienes que resolver todo al principio, simplemente da tu primer paso y gradualmente el proceso se vuelve más fácil a medida que avanzas.

A menudo, cuando algo parece desafiante o más grande que la vida, lo seguimos evitando porque parece demasiado abrumador. Sin embargo, cuando lo divides en pequeños pasos, descubres que puede abordarlo poco a poco.

Divide el proceso en trozos pequeños. Por ejemplo, si has estado enfrascado con la idea de un libro durante años. No es necesario tener toda la trama resuelta. Empieza con la primera línea, luego el siguiente párrafo y poco a poco irás encontrando tu ritmo y no importa lo que venga después, nada será tan difícil como escribir esa primera frase.

Este principio se aplica a cualquier situación. Por ejemplo, si necesitas comer más sano o perder algo de peso, concéntrate en el primer paso. No intentes hacer todo de una vez.

Comienza con un paso y luego continúa hacia abajo hasta que todo lo que necesitas hacer esté listo. El primer paso podría ser deshacerte de toda la comida chatarra en tu refrigerador o regístrate para una membresía de gimnasio. Una vez que se realiza el primer paso, el resto de los pasos se vuelven más claros y ya no estás mirando hacia una montaña insuperable.

. . .

¿Por qué el mañana es demasiado tarde?

¿Cuál es el problema? Después de todo, no importa si lo haces hoy o mañana, ¿verdad? Mal, realmente importa porque la productividad ocurre en una línea de tiempo. Tu jefe te dará una tarea para terminar en un tiempo determinado, o tendrás que postularte para ese trabajo que siempre has querido mientras todavía hay una vacante.

El tiempo marca la diferencia en lo que respecta a la productividad y la consecución de sus objetivos. Para vencer la procrastinación, debes comprender el valor del ahora y por qué el mañana nunca es lo suficientemente bueno.

La administración del tiempo es una de las formas más seguras de superar tu inacción y comenzar a hacer las cosas que necesitas hacer ahora, no mañana o más tarde, o en algún momento en el futuro. Para las personas que luchan con la procrastinación, una de las técnicas de administración del tiempo más efectivas es la técnica "Pomodoro". Esta técnica te ayuda a abordar tus tareas y aumentar tu productividad en cinco sencillos pasos.

. . .

A continuación se explica cómo utilizar los trabajos de la técnica Pomodoro:

1. Elige una tarea específica para trabajar. Sé específico sobre lo que quieres hacer exactamente. Establece una tarea clara de cómo vas a trabajar, por ejemplo: *en la introducción de mi tesis o trabajar en cinco elementos de mi bandeja de entrada.*

2. Concéntrate en la tarea durante al menos 25 minutos. Esto significa prestar una atención completa e indivisa a la tarea que has especificado.

3. Si encuentras que tu mente se distrae de la tarea escribe los pensamientos intrusivos en un papel. Anotar tus distracciones en realidad te ayuda a evitar que pasen por tu mente constantemente.

4. Después de que terminen los 25 minutos, tómate un descanso. Puedes estirarte durante cinco minutos, conseguir un poco de agua o simplemente caminar durante cinco minutos. Este descanso te ayuda a mantenerte concentrado sin sentirte abrumado o agotado.

5. Después de tu descanso, vuelve a tu tarea y sigue los pasos hasta que hayas terminado lo que te propusiste hacer en el paso 1.

Superando tu miedo

El miedo es el denominador común que subyace a todos los tipos de procrastinación. Ya sea el miedo al fracaso, el miedo al cambio, el miedo a ser juzgado o incluso el miedo al éxito, la procrastinación comienza con el miedo en tu núcleo.

Entonces, sin comprender qué está causando tu miedo y superarlo, siempre tendrás momentos en los que te paralizarás en la inacción porque tienes miedo.

Para la mayoría de las personas, cuando piensan en el miedo, sus mentes se dirigen inmediatamente a este pavor abrumador que una persona siente cuando están en peligro de muerte o digamos que son perseguidos por un oso. Sin embargo, el miedo no siempre es el resultado de una amenaza física o incluso de un peligro físico real. El miedo también puede ser causado por pensamientos negativos, tu imaginación e incluso tus creencias. Esto significa que el miedo no tiene que ser real o fáctico, en la mayoría de los casos, tu miedo no es más que ceder a tus creencias autolimitantes.

Por ejemplo, si Andrés quiere invitar a Victoria a una cita por primera vez.

Primero, él piensa, "oh, realmente me gusta Claire, debería invitarla a tomar un café", luego ese pensamiento es seguido por, "¿cuál es la mejor manera de preguntárselo? ¿Le agradaría? Soy solo un nerd y ella es tan..." Ahora, cuando Andrés termina este último pensamiento, ya ha pasado de simplemente querer invitar a Victoria a imaginar que ella lo rechazará. Naturalmente, una vez que aparecen los pensamientos negativos, Andrés pospondrá invitar a salir a Victoria o evitará hacerlo por completo porque tiene miedo de que lo rechacen.

Esta es solo una ilustración simple de cómo creamos y alimentamos nuestros propios miedos a través de nuestras creencias y pensamientos autolimitantes. En el caso de Andrés, no tiene idea de lo que realmente dirá Victoria si la invita a salir, pero ya se le ha ocurrido el peor de los casos basándose en lo que piensa de sí mismo. Su miedo se genera internamente y no tiene nada que ver con la otra persona.

Esta es la razón por la que la procrastinación puede ser tan debilitante. Comienza con nuestras propias creencias autolimitantes y a menudo no tiene nada que ver con lo que tienes miedo de hacer.

Entonces, ¿cómo superas este miedo emocional? Bueno, el primer paso es identificar tus propias creencias autolimitantes. ¿Estás temiendo esa asignación porque no tienes confianza en ti mismo?

¿Tienes miedo de pedir un aumento porque crees en secreto que no te lo mereces? o, ¿sigues en una relación tóxica porque tienes miedo al cambio? Cualquiera que sea la creencia autolimitante que tengas sobre ti mismo, comprende de dónde vienes.

Para la mayoría de las personas, sus creencias se basan en una experiencia pasada o incluso en algo que alguien les dijo. Si volvemos a nuestro ejemplo, tal vez Andrés piense que es un nerd porque alguien le dijo una vez, "eres un nerd". Entonces, tomó esta opinión y basó sus creencias en quién es en eso. Ahora bien, esta creencia te impide perseguir lo que quieres porque es una etiqueta autolimitante que te hace sentir que tienes algún defecto. Incluso cuando tus creencias se basan en experiencias pasadas, no son necesariamente fácticas y no deben constituir la base sobre la cual juzgar tu capacidad o fortalezas.

Imagina a alguien que fue engañado por una ex pareja y luego esta persona comienza a creer que algo anda mal con ellos o que no son lo suficientemente buenos. Esta creencia afectará su capacidad para abordar cualquier relación desde un espacio emocional saludable. Esto significa que cada oportunidad de estar con otra persona se sentirá como una oportunidad para ser lastimado nuevamente y lentamente comenzarán a temer las relaciones. Basarán sus sentimientos en las relaciones en una mala experiencia y, sin darse cuenta, se volverán cautelosos y cínicos acerca de las relaciones.

En esencia, para superar tu miedo, debes deshacerte rápidamente de todas las etiquetas que te has puesto. En lugar de ser un nerd que invita a salir a una chica, sé un chico que invita a salir a una chica. En lugar de ser el vendedor que siempre estropea la presentación, simplemente sé un vendedor. Cuando dejas de etiquetar tus fallas y tus errores pasados y de cometerlos como eres, entonces te das la oportunidad de abordar cualquier tarea desde un estado de ánimo positivo. Las creencias autolimitantes tendrán poder sobre ti si las usas para definir quién eres.

Defínete de la forma más sencilla posible. Si te intimidas constantemente con tus creencias y las etiquetas que te has creado, nunca conseguirás que se haga nada. Recuerda que la mayor parte del miedo que te hace posponer las cosas no es más que una opinión o creencia que has creado en tu mente que te dice que no puedes o no debes.

6

El Mito del Pulpo

¿Tu vida diaria se siente como un acto de malabarismo en el que tienes que mantener una docena de pelotas diferentes en el aire? ¿Estás constantemente agotado, apresurado, estresado y con poco tiempo? Cuando se trata de mantenerte al día con las demandas de un hogar y un entorno de trabajo de alta presión, es muy fácil comenzar a extenderte demasiado. Esto es cuando estás lleno de cosas que apenas tienes tiempo libre para ti.

En el esquema natural de las cosas, asumirías que estar ocupado y ser productivo son lo mismo, pero en realidad, estarías equivocado. Las personas que asumen más de lo que pueden manejar terminan chocando contra el suelo y reduciendo su eficiencia general. De hecho, los estudios sobre la función neuronal han demostrado que la multitarea tiende a reducir la eficiencia del cerebro.

Esto significa que cuando estás haciendo demasiado, incluso las tareas que no son demasiado exigentes se vuelven desafiantes. Esto se debe a que estás sobrecargado y no puedes concentrarte en ninguna tarea en particular.

Hacer demasiado no solo es malo para tus niveles de estrés, sino que en realidad es una de las principales causas de la procrastinación. Cuando estás abrumado con docenas de cosas que hacer, no es de extrañar que apenas puedas encontrar tiempo para hacer las cosas que son realmente importantes. Piensa en todos los días que apareces en el trabajo decidido a hacer las cosas solo para pasar la mayor parte del día respondiendo correos electrónicos o en reuniones de crisis. A veces, no pospones las cosas porque tienes miedo al desafío, sino porque no puedes priorizar tus tareas.

Todos los días tendrás docenas de cosas que deben hacerse, pero depende de ti decidir cuáles de estas cosas son relevantes para tus objetivos y cuáles son simplemente un trabajo ajetreado. El problema de asumir demasiado es que a menudo las pequeñas cosas sin importancia acaban consumiendo tanta energía que te queda poco tiempo para ocuparte de las cosas importantes. Esto lleva a una situación en la que siempre estás tratando de cumplir con tus responsabilidades porque nunca tienes tiempo suficiente para hacer todo.

Esencialmente, la procrastinación se convierte en un ciclo que se perpetúa a sí mismo. Las cosas que no manejaste hoy se vuelven urgentes mañana y las cosas que debías hacer mañana deben posponerse. Entonces esto se convierte en tu vida, poniéndote al día y siempre bajo presión. En tales situaciones, te irás a la cama totalmente exhausto al final de cada día, pero con poco que mostrar. Este escenario de resultados mínimos de esfuerzo máximo no solo es frustrante, sino que también puede provocar estrés y agotamiento.

La ironía de la procrastinación es que, en realidad, puede ser una de las personas más ocupadas que conozca; Entonces, ¿cómo es que terminas tan pocas cosas? En la superficie, sabes que no solo estás holgazaneando todo el día, sino que siempre terminas con muchas tareas que no se realizaron, proyectos vencidos y plazos que deben cumplirse. Lo que no te das cuenta es que es muy fácil sustituir la eficiencia por el ajetreo.

. . .

Eficiencia significa que estás cumpliendo con las tareas importantes, mientras que estar ocupado simplemente significa que estás trabajando. Para ser eficiente, primero debes hacer las cosas importantes y luego las no tan importantes. Cuando pospones las cosas, tienes un montón de cosas urgentes que atender. Estas cosas son urgentes porque lleguen tarde, no porque sean importantes.

De esta manera, lo urgente se interpone en el camino de lo importante y, por lo tanto, siempre estás ocupado pero, en general, no es muy productivo.

La maldición de lo urgente

¿Dónde se fue el tiempo? Es una pregunta común que los procrastinadores se hacen al final del día. Miras atrás a tu semana y estabas tan ocupado y tan trabajador como siempre. Entonces, ¿por qué estás tan lejos de tu objetivo el viernes como el lunes? La respuesta simple es que a menudo ignoras las tareas importantes para hacer frente a lo urgente.

. . .

Piensa en las pequeñas cosas que siguen apareciendo en el transcurso del día y que exigen tu atención inmediata. No los planificas, pero terminan ocupando la mayor parte de tu tiempo.

La maldición de lo urgente es que te hace ignorar tareas y acciones importantes. Cuando estás preocupado por cosas que requieren atención inmediata pero que no son importantes, tu energía y tu tiempo se quitan de las metas en las que deberías concentrarte.

Digamos que te presentas en la oficina con tu lista de tareas pendientes para el día determinado a ser productivo.

Antes de comenzar con tu tarea, llega un correo electrónico de tu cliente quejándose de una cosa u otra. Luego comienzas a hacer un seguimiento con otros departamentos para averiguar qué sucedió o tratar de apaciguar al cliente de alguna otra manera. Antes de que te des cuenta, la mitad del día ha pasado y la mayor parte se ha gastado en algo que no estaba en tu lista de tareas pendientes.

A medida que atiendes la crisis de ayer y apagas el fuego de las cosas que ayer se ignoraron, las cosas que se suponía que tenías que hacer hoy se convierten en crisis para mañana.

Este ciclo que te perpetúa a ti mismo es lo que hace que sea tan difícil volver a encarrilarte una vez que has sido descarrilado por tareas que pueden ser urgentes pero no importantes. Esto significa que para evitar la postergación que se deriva de hacer demasiado, debes aprender a separar los pocos vitales de los muchos triviales.

Tener una comprensión clara de las tareas que deben realizarse ahora y las que se pueden realizar más adelante es probablemente una de las cosas más importantes que puedes hacer por tu productividad.

El esfuerzo no siempre es igual al resultado y es por eso que trabajar de manera inteligente es más importante que trabajar duro.

Correr desordenado no te servirá de nada si solo te concentras en las tareas urgentes, pero no en las realmente importantes.

Las personas que se mantienen productivas no sólo saben cómo priorizar, sino también cómo decir que no. Decir no a las tareas sin importancia significa que puedes decir que sí a las cosas que son relevantes para tus objetivos.

Intentar equilibrar una docena de cosas diferentes a la vez solo te hará distraerte de tus metas. Antes de planificar tu día, piensa en qué tareas son más importantes en términos de acercarse a tus objetivos y qué tareas se pueden delegar y realizar más tarde. Puedes sentir que hacer todo tú mismo te hace más productivo, pero en el sentido real, sólo las personas productivas se centran en lo que es importante. No tienen miedo de delegar o decir que no cuando tienen demasiado en su plato.

Cuando estás constantemente bajo presión, creas una situación en la que es fácil posponer cosas importantes porque simplemente no tienes el tiempo o la energía para asumirlas.

Incluso puedes sentir que no puedes asumir algo. Sin embargo, la verdad es que, si tuviera más tiempo para trabajar en ello, probablemente podría manejarlo bien.

Esta es la maldición de lo urgente. Genera el ambiente perfecto para la procrastinación.

. . .

Tu nunca sabes realmente adónde va tu tiempo o por qué estás poniendo tanto esfuerzo para obtener resultados mínimos.

Para vencer la maldición de lo urgente, primero debes reconocer todas las cosas que toman tu tiempo pero que en realidad no son importantes. ¿Con qué frecuencia dices que sí a tareas para las que realmente no tienes tiempo solo para complacer a los demás? ¿Cuántas veces te descarrila una mini crisis que ni siquiera estaba en tu lista de cosas por hacer? ¿El esfuerzo que estás poniendo es igual al resultado que estás obteniendo? Analiza cómo priorizas las tareas y qué tipo de tareas ocupan la mayor parte de tu tiempo. Esta información te ayudará a descubrir por qué te estás retrasando en las tareas importantes: porque estás demasiado preocupado por lo urgente.

La prisa y la urgencia te llevan por un camino de máximo esfuerzo para obtener pequeños resultados. Siempre estarás ocupado pero nunca tendrás nada sólido que mostrar por todo el trabajo que estás haciendo. Siempre estarás en el lado equivocado del reloj jugando a ponerte al día. La maldición de lo urgente siempre te hará sentir como si estuvieras ocupado corriendo en una cinta que esencialmente no te lleva a ninguna parte.

Consejos para priorizar y hacer las cosas

- **Sé real contigo mismo**

Deja de intentar ser una supermujer o un superhombre. No se puede hacer todo y hacerlo todo bien. Saber cuáles son tus límites es importante. Muchas veces las personas asumen más de lo que pueden manejar para probarse algo a sí mismos o los demás. Dejarte caer no te hará mucho bien ni a ti ni a nadie más. Sé honesto contigo mismo sobre lo que es suficiente y lo que es demasiado.

Si estás constantemente estresado, agotado y siempre con poco tiempo, es hora de volver a evaluar cuánto estás asumiendo. Date cuenta de que cuando te estiras demasiado, las cosas importantes se escapan y comienzas a perder de vista tus metas. Sé amable contigo mismo permitiéndote el tiempo y las reservas mentales que necesitas para hacer las cosas que realmente importan.

No tengas miedo de admitir que necesitas ayuda. Delega tareas si es necesario. No aceptes proyectos adicionales si ya tienes muchas cosas y siempre prioriza las tareas que son importantes. Cuando estableces prioridades, te asegura de que, incluso si se te acaba el tiempo, se habrán logrado las cosas más importantes.

- **Deja de hacer varias cosas a la vez**

La vida se mueve a un ritmo frenético y en ocasiones se hace necesario hacer malabares con más de una tarea. Por mucho que sientas que estás ahorrando tiempo al realizar múltiples tareas, también estás reduciendo tu eficiencia general. Cuando realizas varias tareas, es fácil sentirte abrumado y cometer errores simples que terminan costando aún más tiempo.

Asigna tiempo para cada tarea y luego trabaja en ella hasta que esté terminada antes de pasar a la siguiente. Esto te mantendrá concentrado en una tarea a la vez, lo que te permitirá no solo terminar la tarea, sino también hacerlo bien. Deja de empujar las cosas hacia adelante porque son demasiado difíciles. Procrastinar solo significa que mañana tendrás cosas más urgentes que hacer. Haz de las tareas más importantes lo primero que hagas, sin importar cuán desafiantes sean.

- **Toma descansos regulares**

No te excedas en el trabajo. Cuando te agotas, te resulta difícil concentrarte en tu objetivo.

Toma descansos regulares entre tu trabajo para ayudarte a recargarte y liberarte del estrés.

Intentar trabajar durante 8 horas seguidas puede parecer que obtendrás más resultados, pero en última instancia, una mente cansada no es tan eficiente. Caminatas cortas, un descanso para tomar agua o simplemente estirarte cada hora más o menos te ayudarán a mantener tu cerebro funcionando a niveles óptimos.

Programa tu trabajo de tal manera que tengas algo de tiempo libre para despejar tu mente y relajarse de vez en cuando. Cuando estés bajo demasiada presión, encontrarás que tienes problemas para concentrarte. En última instancia, esto te ralentiza y te hace menos eficiente.

- **Guarda las tareas importantes para tu tiempo más productivo**

Algunas personas son madrugadoras, otras son noctámbulas y algunas funcionan mejor por las tardes. Cualquiera que sea tu tiempo más productivo, utilízalo para trabajar en las tareas más importantes. Identifica cuál de las veces te sientes más productivo y mentalmente agudo.

Si eres más productivo por las mañanas, comienzas el día trabajando en las tareas más importantes. Si eres más un noctámbulo, guarda las tareas significativas para esa hora del día.

Aprovechar el potencial natural de tu cuerpo te ayuda a ahorrar tiempo y esfuerzo. Utiliza los momentos en los que es menos eficiente para hacer tareas más simples o simplemente tómate ese tiempo para relajarte y recargar energías. Recuerda que trabajar de forma inteligente es mejor que trabajar duro.

Manejo del estrés y el agotamiento

• • •

Es común escuchar a las personas que procrastinan decir: "Trabajo mejor bajo presión". Cuando las personas dicen esto, quieren decir que son más eficientes cuando están siendo presionados por un sentido de urgencia o una fecha límite inminente. Este tipo de entorno de alta presión puede ser el empujón que algunas personas necesitan para moverse. Sin embargo, para la mayoría de las personas, la presión simplemente conduce al estrés, y cuanto más estresados se vuelven, menor es la pérdida de productividad.

Cuando pospones las cosas, una de las cosas que se vuelven un elemento constante en tu vida es el estrés.

Cuando siempre estás jugando a ponerte al día y tratando de ganarle al reloj, la cantidad de presión en tu vida sigue aumentando. Las fechas límite inminentes, las facturas vencidas, las presentaciones tardías y la posibilidad siempre presente de quedarse cortos son la receta perfecta para los altos niveles de estrés. Con el estrés viene la reducción de la productividad, la angustia emocional y una incapacidad general para hacer frente a las presiones de la vida.

. . .

Manejar el estrés es esencial para mantener la claridad mental y la concentración. También ayudará a reducir la inclinación de poner fuera las cosas porque estás demasiado estresado para trabajar en ellas. Lo complicado del estrés es que puede convertirse en una parte tan intrínseca de tu vida que ni siquiera te das cuenta de que estás viviendo con él.

Por lo tanto, el primer paso en el manejo del estrés es identificar primero si estás viviendo con estrés.

El estrés a menudo va de la mano con el agotamiento. El agotamiento suele ser un síntoma de que estás mental, física y emocionalmente agotado. Esto sucede comúnmente cuando estás haciendo demasiado o cuando has llegado a un punto en el que no estás progresando. El estrés y el agotamiento tienden a llevar a la desilusión, la falta de interés o motivación y a un sentimiento general de vacío.

El agotamiento generalmente se asocia con el estrés crónico y no solo es un problema de productividad, sino que también puede provocar problemas de salud.

. . .

¿Cómo sabes que estás sufriendo de agotamiento?

Agotamiento crónico

¿Alguna vez te vas a la cama cansado, te despiertas cansado y pasas todo el día sintiéndote completamente exhausto? El agotamiento crónico es uno de los signos clásicos del agotamiento. Este tipo de agotamiento tiene poco que ver con tu estado físico, por eso lo sientes incluso cuando acabas de levantarte de la cama.

Cuando estás crónicamente cansado todo el tiempo sin razón aparente, esto significa que has llegado al punto de agotamiento.

Falta de motivación

Otro signo de agotamiento es que estás completamente desprovisto de motivación. Pierdes interés en todo y realmente no te importa lo que suceda de una forma u otra.

. . .

Encontrarás personas apasionadas y entusiastas con su trabajo que de repente no tienen interés y no pueden despertar ningún entusiasmo por su trabajo. Cuando estás agotado, estás emocionalmente agotado, por lo que incluso convocar la motivación necesaria para perseguir tus objetivos es imposible.

Incapacidad para concentrarte

Puedes mirar fijamente la pantalla de una computadora durante horas sin realmente dar sentido a nada ni hacer nada productivo. El estrés crónico y el agotamiento deterioran la claridad mental y dificultan la concentración. Si de repente descubres que las tareas que eran bastante fáciles para ti se han convertido de repente en un desafío, es posible que estés sufriendo de agotamiento.

Estados de ánimo erráticos

Si pasas de estar extasiado un minuto a estar ansioso al siguiente, este es otro síntoma de agotamiento. El estrés crónico y el agotamiento tienden a causar estragos en tus emociones y nunca sabes realmente qué estás sintiendo o por qué. Te vuelves propenso a tener arrebatos emocionales y cambios de humor erráticos. Este tipo de cambios de humor perjudican tu productividad y comienzan a afectar tus relaciones con los demás.

Tu desempeño cambia drásticamente

El agotamiento puede tener un efecto dramático en tu rendimiento y capacidad de trabajo. Dado que tu enfoque mental ya no es tan agudo, tu productividad se ve afectada y el efecto resultante en tu rendimiento puede ser drástico.

Los estudiantes estelares pueden reprobar sus exámenes debido al agotamiento y los empleados ejemplares pueden perder sus trabajos como resultado del agotamiento. Si tu rendimiento ha bajado repentinamente y no estás seguro de por qué, puede ser el momento de buscar otros signos de estrés crónico y agotamiento.

Problemas de salud

El estrés crónico puede disminuir la capacidad de tu cuerpo para combatir infecciones, haciéndote propenso a problemas de salud. Descubrirás que sigues padeciendo todo tipo de errores y estás constantemente luchando contra dolencias. Esta mala salud puede indicar el efecto del estrés crónico en la inmunidad de tu cuerpo. Si tienes problemas de salud subyacentes, el estrés puede exacerbarlos y empeorarlos. Condiciones como hipertensión, enfermedades cardíacas y afecciones inflamatorias se han relacionado con el estrés crónico.

Consejos para lidiar con el estrés y el agotamiento

1) Tómate un tiempo para ti

Cuando te estás agotando constantemente con trabajo, responsabilidades y quehaceres interminables, el agotamiento es inevitable. Tomarte el tiempo para respirar y recargar energías no solo es esencial para tu productividad, sino también para tu salud. Si te estás quedando vacío constantemente, necesitas tomarse un tiempo para ti.

Tómate un tiempo de tranquilidad todos los días para relajarte y recargar energías. Haz algo que disfrutes con este tiempo o simplemente relájate y deja que tu mente descanse.

. . .

Resiste la tentación de trabajar durante horas y horas sin descansos. Tu tiempo solo se usa de manera eficiente cuando puedes concentrarte. Toma descansos entre tareas y da a tu mente un respiro de vez en cuando.

Tenga algunos intereses fuera del trabajo que te ayudarán a mantenerte emocionalmente equilibrado. Los pasatiempos, los amigos e incluso simplemente pasar tiempo con tu familia pueden ser una excelente manera de aliviar la presión constante del trabajo. Asegúrate de tener una vida fuera del trabajo y llénala de las cosas y las personas que ama.

Una de las razones por las que pospones las cosas es porque te sientes abrumado y mentalmente agotado. Cuando te tomas un tiempo para ti mismo, reafirmas cierto nivel de control sobre tu vida y esto te da la confianza para asumir incluso las tareas más desafiantes. Cuidarte a ti mismo solo te capacita mejor para tomar las decisiones que debes tomar y actuar cuando sea necesario.

2) Céntrate en el progreso

El estrés generalmente comienza a acumularse cuando sientes que estás haciendo todo el trabajo, pero no necesariamente terminándolo. Esto puede hacer que te sientas desmotivado y que pierda interés en tus objetivos. La única forma de vencer el sentimiento de desesperanza es concentrarte en los pequeños hitos y observar el progreso que estás logrando.

Muchas veces la gente mira las metas con una perspectiva de todo o nada. Esto significa que si aún no lo has logrado, lo calificas como un fracaso. Con este tipo de perspectiva, te olvidas de apreciar el progreso que estás haciendo y esto hace que te sientas desilusionado y como si hubieras fallado de alguna manera. Tómate el tiempo para apreciar los pequeños hitos y las victorias que obtengas en el camino.

Una actitud positiva te da la fuerza para seguir adelante y te ayuda a mantenerte motivado.

Al perseguir tus objetivos, es importante recordar que el proceso es tan importante como tu objetivo. Sé tu propio animador y aprecia el progreso que estás haciendo incluso si no has llegado a donde quieres ir. Cuando celebras las pequeñas victorias, obtienes la confianza en ti mismo para seguir adelante y mantenerte comprometido con tu objetivo a largo plazo.

. . .

La gente pospone las cosas cuando no ve la posibilidad de éxito. No siempre se trata de la meta final, el progreso que logras en el camino hacia la meta es igualmente importante.

3) Ten un ritual diario de relajación

Si procrastinas mucho, a menudo te encontrarás con una lista interminable de cosas que deben hacerse. Esto se debe a que cuando pospones las cosas te ves obligado a estar continuamente tratando de ponerte al día para recuperar el tiempo que pierdes cuando sigues posponiendo las cosas. En tal situación, es común tener siempre trabajo que debe llevarte a casa porque tienes una fecha límite que vencer.

Para evitar el agotamiento, debes tener un ritual diario que te ayude a dejar el trabajo en el trabajo. Esto significa no llevarte el trabajo a casa porque ese es el tiempo que necesitas para recargar energías y rejuvenecer. Si adquieres el hábito de llevar siempre el trabajo a casa, la posibilidad de agotamiento es muy alta porque básicamente estás trabajando las veinticuatro horas del día.

Para evitar esto, un ritual de relajación puede ayudarte a dejar tu trabajo en el trabajo.

. . .

Si te encuentras siempre preocupado por los pensamientos laborales, incluso cuando estás en casa, significa que no te estás agotando al final de tu jornada laboral. Aléjate de tu jornada laboral pasando un tiempo a solas, ya sea relajándote o en un pasatiempo que no tenga nada que ver con el trabajo. Cuando llegues a casa, toma un baño relajante, pasa tiempo con tus hijos o simplemente toma un libro que te guste. Alejar tu mente del trabajo te ayuda a minimizar la presión bajo la que te encuentras y te da tiempo para hacer otras cosas. No dejes que el trabajo sea lo único en tu vida.

Incluso las personas más trabajadoras llenan sus vidas de otras pasiones y esto les ayuda a mantenerse libres de estrés. Resiste la tentación de seguir trayendo trabajo a casa. Cuanto más descansado y rejuvenecido te sientas por la mañana, más eficiente serás durante el día.

4) Mantén tus días estructurados

No hay nada más estresante que tener muchas cosas que hacer y no saber por dónde empezar. Cuando aportas más estructura a tu día, te da un mejor control sobre tu tiempo y recursos. Tener un horario te ayuda a hacer todo lo posible dentro del tiempo con el que tienes que trabajar. Un horario reduce la tendencia a procrastinar y te ayuda a tomar decisiones más rápido.

Esa sensación de estar abrumado que sientes cuando tienes tanto que hacer y no tienes suficiente tiempo se disipará cuando tu día tenga una estructura.

Aprende a crear horarios y tablas de tiempo con una lista priorizada de las tareas que necesitas realizar. La planificación te brinda un mejor control sobre tu día y haces que la administración del tiempo sea mucho más fácil. Tienes que estar atento a ceñirse al horario, ya que esto te dará la disciplina que necesitas para vencer la procrastinación. Un horario también te permitirá ser más productivo. También te ayudará a administrar la cantidad de trabajo que estás realizando para que no te excedas en el trabajo.

5) Identifica tus factores desencadenantes del estrés

Es importante analizarte a ti mismo y encontrar qué es lo que tiende a causarte más estrés. ¿Es una fecha límite inminente, proyectos atrasados o conflictos? Sea lo que sea lo que te haga querer arrancarte el pelo, es hora de deshacerte de él o de manipularlo. El estrés se acumula cuando no te ocupas de la causa subyacente de la presión que sientes. Si te sientes abrumado constantemente por tu trabajo, busca formas de reducir la carga de trabajo o delegar algunas de las tareas.

Cuando prestes mucha atención a las cosas que te desgastan, te sentirás más en control de tu vida. Esto reducirá la cantidad de estrés con el que tienes que lidiar.

No tengas miedo de decir que no cuando tu plato ya está lleno o de pedir más tiempo si tu horario está sobrevendido. Pasártela apresurado solo te dejará sintiéndote agotado y resentido, especialmente si nunca expresas tus preocupaciones.

No permitas que el estrés se convierta en un elemento permanente de tu vida ignorando o negándote a abordar los desencadenantes del estrés. Solo puedes ser productivo si estás en el estado mental adecuado. No te abrumes solo para seguir el juego cuando claramente estás luchando por mantenerte al día. A veces, algo tan simple como tener una conversación honesta con tu superior o colega puede ayudarte a evitar un estrés innecesario.

7

Un Nuevo Comienzo

El cambio es difícil porque nos hace afrontar todas las cosas que no nos gustan de nosotros mismos o de nuestra vida. Cuando miras la relación que te ha estado robando la alegría durante años o el trabajo que ha sofocado toda tu creatividad, te obliga a reconocer verdades dolorosas sobre las decisiones que has tomado a lo largo del tiempo.

Para la mayoría de la gente, el cambio es abrumador porque asumes que necesitas hacer un giro completo de 180 grados o hacer una revisión completa de tu vida. Sin embargo, es posible un cambio duradero cuando das pasos pequeños y deliberados todos los días para cambiar tu situación y ser la persona que sabes que puedes ser. Esto significa que en lugar de ver el cambio como una montaña realmente grande que debes escalar, piensa en ella más como una serie de pequeños pasos que te llevarán a diferentes hitos y, finalmente, a tu objetivo final.

Si tienes problemas con la procrastinación y hacer las cosas, todo lo que necesitas es empoderarte con las herramientas adecuadas para superar este hábito contraproducente. Comprende que puedes cambiar tu forma de pensar, cambiar tus creencias y, como consecuencia, cambiar tus resultados. Cada día presenta una nueva oportunidad para elegir un camino diferente y comenzar un nuevo viaje.

Si no te gusta dónde te encuentras ahora mismo, no tienes porqué quedarte en esa situación. Al igual que tus hábitos te llevaron a donde estás ahora, puedes crear nuevos hábitos para llevarte a donde quieres ir. Estas herramientas simples pero efectivas serán tus armas más importantes contra la procrastinación. Úsalos bien y te darás cuenta de que realmente no hay nada que te impida alcanzar tus objetivos.

El poder de la conciencia de uno mismo

. . .

¿Qué tan bien te conoces a ti mismo? Cuando tomas una decisión, ¿comprendes por qué la has tomado o simplemente haces las cosas porque se sienten bien? Cualquier nuevo comienzo comienza con la voluntad de autoexaminarnos y comprendernos a nosotros mismos.

¿Estás contento con la forma en que van las cosas? ¿Cómo has contribuido a la situación en la que te encuentras? ¿Qué creencias tienes que te impiden conseguir lo que quieres? ¿Qué es lo que realmente quieres de la vida? ¿Estás haciendo algo para llegar allí o simplemente espera que las cosas encajen en su lugar? ¿Qué tres cosas estás postergando que posiblemente podrían cambiar tu vida?

Estas preguntas pueden resultar inquietantes, pero te ayudarán a hacer un balance de tu vida. Si simplemente estás operando en piloto automático, tendrás dificultades para lograr cualquier cambio significativo en tu vida. Debes estar dispuesto a profundizar y encontrar tus miedos, tus defectos, tus fortalezas y todo lo demás.

Cuanto más te escondas detrás de la cortina, más fácil será desentrañar los pensamientos negativos, el autosabotaje y los malos hábitos. No busques cambiar lo que no entiendes, primero comprendes, y luego buscas cambiar esos hábitos, actitudes y creencias que no te sirven.

Mantener el enfoque y la motivación

Sin pasión, tus objetivos pueden muy bien ser solo escritos en una hoja de papel. Para mantenerte motivado y concentrado, debes ser un apasionado de tus objetivos. Esto comienza por perseguir metas que sean importantes y que signifiquen algo para ti.

Si simplemente estás siguiendo las mociones, no te sorprendas si sigues posponiendo decisiones o tomando medidas. Si algo realmente no es tan significativo o importante para ti, no es de extrañar que no te sientas motivado para trabajar por ello. La pasión nos inspira a trabajar duro porque lo que hay al otro lado es algo que realmente queremos y por lo que estamos dispuestos a hacer sacrificios.

Entonces, ¿son tus metas importantes para ti? ¿Son las cosas por las que estás trabajando lo suficientemente significativas como para valer todo el trabajo que necesitas para conseguirlas? Míralo de esta manera, si estás trabajando para algo que realmente no te importa, haz un esfuerzo mínimo. Sin embargo, si tu objetivo es algo en lo que siempre piensas y anhelas, entonces haz todo lo posible para lograrlo.

A veces, cuando pospones las cosas, puede ser simplemente porque no te importa lo suficiente la recompensa. Si este es el caso, siempre tendrás problemas para mantenerte concentrado y motivado. Empieza por establecer metas que realmente signifiquen algo para ti y que tengan un significado real en tu vida. Una vez que hayas identificado cuáles son, deshazte de todas las otras cosas que simplemente haces para pasar el tiempo o complacer a otras personas.

Una vez que tengas estos objetivos establecidos, hazte responsable. Esto significa hacerle saber a un compañero o amigo para lo que estás trabajando.

Esto te hará sentir responsable no solo de ti mismo sino de otra persona. Cuanto más responsable te sientas, más motivado estarás para terminar lo que comenzaste.

Recuerda que la motivación es tanto intrínseca como externa. Puedes obtener motivación de las personas en tu vida y de esta manera mantenerte enfocado en lo que estás tratando de lograr.

Estrategias simples para la motivación

- Asegúrate de que las metas u objetivos sean propios. No trabajes para satisfacer las expectativas de otras personas sobre ti o las metas que han creado para ti. Establece tus propias metas que sean significativas para ti.
- Cuida tu cuerpo y tu salud emocional. Cuanto mejor te sientas contigo mismo, más fácil será mantenerte motivado. Come bien, duerme lo suficiente y haz que el ejercicio físico forme parte de tu rutina.
- Visualiza la recompensa. Nada es tan poderoso como verte a ti mismo con lo que siempre has querido. Por eso funcionan los tableros de visión. Te motivan a trabajar aún más duro porque ya has visualizado el resultado de tu arduo trabajo.
- Empieza poco a poco y manténlo sencillo. Una de las razones por las que las personas dejan de fumar es porque se empiezan a sentir abrumadas. Divide tus metas en hitos más pequeños que te ayudarán a registrar tu progreso. Cada vez que logres un hito, te

sentirás motivado para mantenerte en el camino correcto.
- Sé consistente. La consistencia es lo que te mantendrá activo en los días en que simplemente no estés dispuesto a hacer nada. Cuando establezcas un horario o plan de acción consistente, te encontrarás haciéndolo todos los días sin importar cuál sea tu estado de ánimo. Concéntrate en crear acciones y hábitos consistentes que puedas seguir a diario para lograr tus objetivos. Esto eliminará las emociones de la ecuación y te ayudará a mantenerte concentrado.

Estrategias de gestión del tiempo

Una de las mayores víctimas de la procrastinación es el tiempo. Cuando estás perpetuamente atrapado en el limbo porque no puedes tomar una decisión de una forma u otra, el tiempo sigue pasando.

¿Por qué hay personas que a la edad de veinticinco años han logrado grandes cosas mientras que otras, incluso a los cuarenta, todavía están tratando de resolver sus vidas?

Tiene más que ver con la gestión del tiempo que con la brillantez o la aptitud cognitiva. Las personas que pueden administrar bien su tiempo naturalmente harán más cosas.

Para las personas que postergan la cantidad de tiempo invertido evitar cosas o aplazar decisiones se vuelve costoso en términos de tiempo. Por lo tanto, una de las mejores formas de superar la trampa de la inacción y la postergación es desarrollar mejores habilidades de gestión del tiempo.

Estrategias sencillas para la gestión del tiempo

- Haz una lista de tareas pendientes todos los días. Enumera todas las cosas que debes hacer a diario. Esto te da un plan claro de lo que necesitas para trabajar ese día.
- Prioriza tu lista de tareas pendientes. Las cosas más importantes deben ser las primeras en su lista. Entonces trabajas tu camino hacia abajo en la lista.
- Si tienes alguna tarea desagradable o alguna difícil, hazlas primero. Cuando termines lo

difícil estarás más motivado para asumir todo lo demás en tu lista.
- Date líneas de tiempo. Tus metas para el día deben tener cronogramas. Realiza cada tarea y asigna un límite de tiempo. Esto te ayudará a evitar pasar demasiado tiempo en una sola tarea.
- Toma descansos regulares para ayudarte a mantenerte concentrado y evitar la fatiga mental.

Trucos psicológicos para dejar de procrastinar

1. La regla de los cinco segundos

Si eres propenso a la procrastinación, entonces sabes que cuanto más te tardes en pensar en algo, más dudas sientes.

Entonces, ¿cómo superas esto? Sencillo, cuenta hacia atrás desde cinco y comienza. Este método no te da tiempo para encontrar excusas o razones para no hacerlo. Entonces, cada vez que tengas una tarea difícil por delante, no te detengas a pensar en ella ni a dejarla marinar en tu mente, simplemente cuenta hacia atrás desde cinco y luego comienza.

2. Romper el ciclo de evasión

Si has estado mirando una pantalla de computadora en blanco durante un tiempo o cualquier tarea que debas hacer, rompe la evasión del bucle comenzando de nuevo. Sal a caminar, toma una ducha, cámbiate de lugar, o haz otra cosa durante cinco minutos.

Esto te ayudará a superar el bloqueo mental al que te enfrentas y a superar la resistencia que te impide comenzar.

3. Crear presión artificial

Algunas personas trabajan mejor bajo presión, así que, a menos que sientan que están bajo presión, pospondrán las cosas hasta que ya no les quede de otra. Entonces, si estás en este grupo, crea presión para que te muevas. Haz una apuesta con un amigo a que terminarás en un tiempo determinado, o promete una recompensa si completas la tarea en un tiempo determinado. Motivarse de esta manera te ayuda a actuar y evita la procrastinación.

. . .

4. Empezar poco a poco

El miedo es una de las principales razones por las que las personas procrastinan, por lo que una de las mejores formas de superar la indecisión es comenzar de a poco.

Divide la tarea en pequeños pasos manejables y luego avanza hasta que esté lista. La mayoría de las veces encontrarás que el primer paso suele ser el más difícil, después de eso, tu confianza y motivación aumentan a medida que avanzas.

Crea un plan de acción que comience con pasos pequeños pero deliberados. Esto hace que la decisión o tarea sea más manejable y fácil de procesar.

No quieres intimidarte y dejar de actuar, así que comienza con algo pequeño y comienza con lo que puedas manejar.

5. Junta tus problemas

Cuanto más control tengas sobre otras áreas de tu vida, más seguro te sentirás para abordar tareas difíciles y hacer las cosas.

. . .

Lo más probable es que si tu vida hogareña se está desmoronando, tarde o temprano tu trabajo comenzará a ir a parar a los perros. Esto significa que es importante tener todas tus cosas juntas si quieres superar con éxito la procrastinación.

Empieza por arreglar las cosas pequeñas y trabaja hasta llegar a las tareas más importantes. Algo tan simple como organizar tu escritorio puede hacer que te sientas más seguro y tengas más control sobre tu situación. No permitas que un área de tu vida afecte todos los demás aspectos de tu vida. Si algo no funciona como debería, busca la manera de solucionarlo o deshacerte de él. Nunca estarás completamente concentrado y a cargo de tus resultados si estás lidiando con angustia psicológica por relaciones fallidas, mala salud o problemas financieros. Reúne tus cosas y encontrarás que las cosas que parecían tan difíciles no son tan desafiantes como pensabas.

Conclusión

En retrospectiva, como dicen, es 20-20 y, a menudo, cuando miramos hacia atrás y vemos cómo hemos llegado al punto en el que nos encontramos, podemos identificar claramente los pasos en falso que dimos en el camino. Sin embargo, dado que no tienes una máquina del tiempo que te lleve al pasado para tomar decisiones diferentes, todo lo que realmente puedes hacer es trabajar por un mañana mejor.

No importa cuánta procrastinación te haya hecho retroceder a lo largo de los años, todos somos trabajos en progreso que tienen la oportunidad de cambiar todos los días. Entonces, en lugar de pensar en lo que podrías haber hecho y en todas las oportunidades que perdiste, concéntrate en lo que puedes lograr siendo más proactivo y decisivo todos los días.

Conclusión

El enemigo más poderoso que tienes es el que está dentro, así que la única persona que puede evitar que seas quien quieres ser es la que está en el espejo.

Reconocer que hay áreas en las que fallamos y saboteamos nuestro propio progreso es a menudo difícil, pero seguro que es mejor que caer como un paracaídas defectuoso.

No importa lo lejos que creas que has caído, siempre hay una manera de volver a levantarte y reescribir tu historia. Si la mayor parte de tu vida ha consistido en posponer decisiones importantes y evitar cosas que no te gustan, ahora tienes todas las herramientas y el conocimiento para revertir esta situación. Este puede ser el día en que tu des un paso pequeño pero seguro para cambiar tus resultados y vivir la vida que realmente quieres.

Al leer este libro, ya has dado un pequeño pero deliberado paso en la dirección correcta. Todo lo que te queda por hacer es comenzar a aplicar los principios que has aprendido en este libro. Recuerda que tu coherencia será tu mayor aliado para pasar de ser un procrastinador a alguien proactivo y resolutivo.

Todos los días realiza pequeños cambios y establece pequeños hitos por ti mismo que poco a poco te ayudarán a desentrañar las emociones negativas y hábitos que te mantienen como rehén. En cada sección de este libro, hay

Conclusión

consejos y estrategias útiles que puedes utilizar en el día a día. No importa la etapa en la que te encuentres en la vida, tu edad o incluso lo que haces, los principios para superar la procrastinación son universales y te ayudarán ahora y en el futuro. Esperamos que la información de este libro te acerque a tus sueños y te ayude a vivir una vida mejor.

www.ingramcontent.com/pod-product-compliance
Lightning Source LLC
Chambersburg PA
CBHW072021070526
44583CB00015B/1579